KB199752

헬로 Bun

© 2024. 서대영 All rights reserved.

1판 1쇄 발행 2024년 10월 22일

지은이 서대영
펴낸이 장성두
펴낸곳 주식회사 제이펍

출판신고 2009년 11월 10일 제406-2009-000087호
주소 경기도 파주시 회동길 159 3층 / **전화** 070-8201-9010 / **팩스** 02-6280-0405
홈페이지 www.jpub.kr / **투고** submit@jpub.kr / **독자문의** help@jpub.kr / **교재문의** textbook@jpub.kr

소통기획부 김정준, 이상복, 안수정, 박재인, 송영화, 김은미, 배인혜, 권유라, 나준섭
소통지원부 민지환, 이승환, 김정미, 서세원 / **디자인부** 이민숙, 최병찬

기획 및 진행 이상복 / **교정·교열** 김도윤 / **내지 디자인** 이민숙 / **내지 편집** 백지선 / **표지 디자인** 최병찬
용지 에스에이치페이퍼 / **인쇄** 한승문화사 / **제본** 일진제책사

ISBN 979-11-93926-71-0 (93000)
책값은 뒤표지에 있습니다.

※ 이 책은 저작권법에 따라 보호를 받는 저작물이므로 무단 전재와 무단 복제를 금지하며,
   이 책 내용의 전부 또는 일부를 이용하려면 반드시 저작권자와 제이펍의 서면 동의를 받아야 합니다.
※ 잘못된 책은 구입하신 서점에서 바꾸어드립니다.

제이펍은 여러분의 아이디어와 원고를 기다리고 있습니다. 책으로 펴내고자 하는 아이디어나 원고가 있는 분께서는
책의 간단한 개요와 차례, 구성과 지은이/옮긴이 약력 등을 메일(submit@jpub.kr)로 보내주세요.

헬로 Bun

서대영 지음

Jpub
제이펍

※ 드리는 말씀

- 이 책에 기재된 내용을 기반으로 한 운용 결과에 대해 지은이/옮긴이, 소프트웨어 개발자 및 제공자, 제이펍 출판사는 일체의 책임을 지지 않으므로 양해 바랍니다.
- 이 책에 등장하는 회사명, 제품명은 일반적으로 각 회사의 등록상표 또는 상표입니다. 본문 중에는 ™, ©, ® 등의 기호를 생략했습니다.
- 이 책에서 소개한 URL 등은 시간이 지나면 변경될 수 있습니다.
- 책의 내용과 관련된 문의사항은 지은이/옮긴이나 출판사로 연락해주시기 바랍니다.
  - 지은이: dale.seo@gmail.com
  - 출판사: help@jpub.kr

PART III Bun으로 도대체 못 하는 게 뭐임?

CHAPTER 11 Bun으로 테스트하기 123

CHAPTER 12 Bun으로 프로젝트 빌드하기 141

CHAPTER 13 Bun으로 셸 스크립트 실행하기 151

김재섭(프리랜서)

Bun은 Node.js 킬러라고 불리지만, 레퍼런스가 적어 활용해보기가 쉽지 않았습니다. 안정화만 된다면 메이저급으로 충분히 도약할 가능성이 있는 Bun을 한국어로 쓰인 최초의 책으로 읽고 그 강력함을 체험해볼 수 있어 너무 좋았습니다.

 김호준(시큐엔에이)

Bun은 런타임뿐만 아니라 각종 툴체인도 포함하고 있어 잘 만든 프레임워크 같은 느낌까지 듭니다. 책을 읽고 나니 새로이 자바스크립트를 배우는 개발자들에게 Bun은 정말 좋은 선택일 거라는 확신이 듭니다. Bun을 빠르게 맛볼 수 있는 최적의 구성을 보여주기에 이제 막 Bun의 존재를 알게 된 자바스크립트 개발자들에게 안성맞춤인 책입니다.

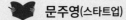 **문주영(스타트업)**

Bun이라는 친구의 능력을 한껏 느낄 수 있는 책입니다. Bun이 할 수 있는 일을 하나씩 명확하게 설명하여, 궁극적으로 Bun이 무엇인지 잘 알 수 있었습니다. Bun의 역할을 배우며 자바스크립트의 생태계를 하나씩 짚어나갈 수도 있었는데, Bun이 자바스크립트 생태계에서 필요로 하는 모든 기능을 포함하기 때문입니다. 모든 기능을 세세하게 배우기에는 부족하지만, 제목처럼 Bun을 만나는 첫인사로는 넘치도록 충분한 책입니다.

 이용진(SAP LABS Korea)

Bun을 처음 사용하는 사용자분만 아니라 타입스크립트를 처음 사용하는 초급자들에게도 좋은 책입니다. Bun 설치부터 시작하여 메시지를 출력하고 간단한 Rest API 서버를 구축하는 방법까지 잘 설명해줍니다. 인상 깊었던 것은 Bun에 셸 명령어가 내장되어 있어 실행 환경에 영향받지 않는 CLI 도구를 만들 수 있다는 점이었습니다. 프로그래밍을 처음 시작하는 초급자가 읽어보기에 좋은 책입니다.

 이현수(스튜디오 킹덤)

이 책의 가장 큰 장점은 간결함입니다. 지루할 틈 없이 내용을 따라가며 Bun을 설치하고 실습할 수 있었고, 퇴근 후 한두 시간씩 이틀 정도로 충분히 완독할 수 있었습니다. Bun에 대해 흥미를 가지기에 충분한 정보가 담겨 있으며, 이 책에서 소개된 Bun의 몇 가지 기능만 실습했는데도 자바스크립트 생태계와 개발자 경험에 좋은 영향을 줄 수 있는 유용한 도구라는 확신이 들었습니다. 분량은 짧아도 내용은 아주 알찬 책입니다.

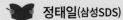 **정태일(삼성SDS)**

기존의 자바스크립트 유관 기술 및 개발 환경의 다양한 불편함을 제거하고 빠르고 편리한 자바스크립트 환경을 여는 데 Bun이 큰 획을 그을 것으로 생각합니다. 번들링, 테스트, 패키지 매니징 등에 다양한 라이브러리를 활용하느라 고생했던 과거를 청산하고 싶다면 꼭 한 번 읽어보길 추천합니다.

 황시연(엘로스)

Bun은 갓 오븐에서 나온 따끈따끈한 속이 꽉 찬 만두입니다. 이 책은 Bun을 가볍게 만나볼 수 있는 책으로, 테스트 코드, 빌드, API 등을 직접 구현해보면서 Bun을 맛볼 수 있습니다. 신규 및 사이드 프로젝트로 Bun을 활용하고 싶은 분들에게 이 책을 추천합니다.

제이펍

제이펍은 책에 대한 애정과 기술에 대한 열정이 뜨거운 베타리더의 도움으로
출간되는 모든 IT 전문서에 사전 검증을 시행하고 있습니다.

시작하며 _____

https://x.com/borek5112/status/1767972965889568843

초창기 자바스크립트(JavaScript)는 웹 브라우저에서 간단한 로직을 처리하기 위해서 만들어진 프로그래밍 언어였습니다. 그러다 2009년에 Node.js가 등장하여 서버에서도 자바스크립트를 실행할 수 있는 길이 열리게 되었습니다. 이를 통해 자바스크립트는 클라이언트 측과 서버 측을 모두 아우르는 범용 프로그래밍 언어로 인기를 얻게 되었고,

이러한 자바스크립트의 진화는 업계에서 백엔드와 프런트엔드 개발을 모두 할 수 있는 풀스택(full-stack) 개발자에 대한 수요를 만들어냈습니다.

자바스크립트가 프런트엔드에서 백엔드로 외연을 확장함에 따라, 동적 타이핑 언어인 자바스크립트의 자유로움과 유연성이 서버 애플리케이션을 개발하는 데 득보다 해가 되는 경우가 많아졌습니다. 이러한 자바스크립트의 한계를 보완하기 위해서 2012년에 타입스크립트(TypeScript)가 등장했고, 정적 타입 검사를 통해서 좀 더 안정적이고 신뢰할 수 있는 애플리케이션을 개발할 수 있게 되었습니다. 타입스크립트는 이제 비단 백엔드 개발뿐만 아니라 프런트엔드 개발에서도 트렌드로 자리 잡고 있습니다.

자바스크립트가 서버 측에서 주류 프로그래밍 언어로 입지를 다지는 동안, 클라이언트 측에서도 2013년에 혜성과 같이 등장한 리액트(React)와 함께 만만치 않은 개발 패러다임의 변화가 일어납니다. 리액트는 웹에서도 마치 네이티브(native) 애플리케이션과 같은 사용자 경험을 제공할 수 있는 본격적인 웹 애플리케이션의 시대를 열었으며, 이를 위해서는 클라이언트 측에서 자바스크립트가 더 큰 역할을 해야 했습니다. 리액트 이전에는 웹에서 조연의 역할을 하던 자바스크립트가 리액트 이후에는 JSX를 통해 HTML과 CSS를 품고 웹의 주인공으로 우뚝 서게 됩니다.

아이러니하게도, 그동안 자바스크립트가 눈부시게 발전했음에도 불구하고, 예전보다 자바스크립트 개발이 힘들어졌다고 토로하는 개발자가 많습니다. 자바스크립트 생태계는 폭발적으로 성장하여 같은 목표를 가진 라이브러리가 여러 개 있으며, 이 중 어떤 것을 써야 할지 고민하는 것은 피곤한 일입니다. 자바스크립트 프로젝트는 갈수록 규모가 커지고 애플리케이션이 복잡해져서 빌드와 테스트, 배포를 하려면 다양한 개발 도구를 다룰 줄 알아야 합니다. 타입스크립트가 어떻게 자바스크립트로 컴파일(compile)되고, JSX가 어떻게 자바스크립트로 트랜스파일(transpile)되며, 최종적으로 어떻게 최적화되어 번들로 클라이언트에 배포되는지 정확히 파악하기가 어려워졌습니다.

Bun은 자바스크립트 개발자로서 여러분의 이러한 애로사항을 해결해줄 수 있는 차세대 자바스크립트 런타임이자 올인원 개발 키트(all-in-one development kit)입니다. Bun

은 복잡한 과정 없이 자바스크립트뿐만 아니라 타입스크립트나 JSX로 작성된 코드를 바로 실행할 수 있으며, 테스팅이나 번들링 도구도 내장하고 있어서 다른 라이브러리를 설치하지 않아도 Bun 하나만 있으면 해결됩니다. 놀랍게도 이렇게 다양한 기능을 한 번에 제공하면서 Bun은 Zig와 Webkit과 같은 흥미로운 기반 기술을 채택함으로써 성능 측면에서도 기존 자바스크립트 런타임을 압도합니다.

드디어 자바스크립트를 배우기 정말 좋은 세상이 열렸습니다! Bun을 통해 처음으로 자바스크립트를 접하게 될 앞으로의 세대는 기존 세대보다 훨씬 쉽게 자바스크립트를 배울 수 있을 거라고 생각합니다. 프로젝트 초기 구성이나 라이브러리 설치에 어려움을 겪는 대신에 재미있는 애플리케이션 코드를 작성하는 데 더 많은 시간을 쓸 수 있기 때문입니다. 기존에 Node.js를 사용해본 경험이 있는 현직 자바스크립트 개발자분들에게도 Bun은 여러 가지 영감을 불어넣을 수 있을 것입니다.

이 책의 코드는 다음 주소에서 다운로드할 수 있습니다.

- https://github.com/DaleSeo/hello-bun

여러분은 Bun을 통해 저보다 훨씬 쉽게 자바스크립트를 배우기를 소망하며 이 책을 시작하겠습니다.

서대영(달레)

PART

I

반가워 Bun!

Bun은 자바스크립트와 타입스크립트를 모두 실행할 수 있고 CJS와 ESM에 모두 대응하는 고성능 차세대 런타임입니다. Bun은 npm과 완벽하게 호환되는 패키지 매니저이기도 합니다.

1부에서는 Bun을 처음 시작하기 위해서 기본적으로 알아야 하는 핵심 기능에 대해서 다룹니다. 1장에서는 Bun을 컴퓨터에 어떻게 설치하고 업데이트하는지를 배웁니다. 2장에서는 Bun으로 자바스크립트 프로젝트를 생성하는 방법들을 배웁니다. 3장에서는 Bun으로 타입스크립트로 작성된 코드를 실행하는 것이 얼마나 쉬운지 배웁니다. 4장에서는 Bun으로 패키지를 어떻게 설치, 갱신, 제거하는지 배웁니다. 5장에서는 모듈 시스템에 구애받지 않고 얼마나 자유롭게 모듈을 내보내고 불러올 수 있는지 배웁니다.

Bun 시작하기

Bun은 기본적으로 터미널에서 사용하는 **명령줄 인터페이스**(command-line interface, CLI) 도구입니다. bun이라는 명령어를 사용하며 그 뒤에 다양한 추가 명령어와 옵션을 붙일 수 있습니다.

이 책의 첫 번째 장에서는 컴퓨터에 Bun을 어떻게 설치하고 업데이트하는지 알아보겠습니다. Bun이 제대로 설치되었는지 확인하기 위해서, 터미널에 `Hello, Bun!` 이라는 문구를 출력하는 간단한 자바스크립트 코드도 실행해보겠습니다.

1.1 리눅스에서 Bun 설치하기

https://x.com/bunjavascript/status/1749275295847477579

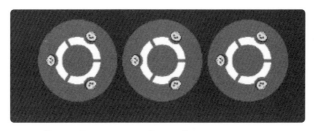

https://x.com/bunjavascript/status/1749275619811271141

Bun은 터미널에서 단 한 줄의 명령어로 간편하게 설치할 수 있습니다.

macOS나 리눅스 계열 운영체제를 사용하고 있다면 다음 명령어를 실행하여 Bun을 설치합니다.

```
$ curl -fsSL https://bun.sh/install | bash

#################################################################### 100.0%
bun was installed successfully to ~/.bun/bin/bun
Run 'bun --help' to get started
```

아마도 많은 macOS 사용자가 Homebrew로 패키지 관리를 할 겁니다. Homebrew로 설치하는 것을 선호한다면, 다음과 같이 brew install 명령어를 실행하면 됩니다.

```
$ brew install oven-sh/bun/bun

==> Tapping oven-sh/bun
Cloning into '/opt/homebrew/Library/Taps/oven-sh/homebrew-bun'...
remote: Enumerating objects: 445, done.
remote: Counting objects: 100% (160/160), done.
remote: Compressing objects: 100% (16/16), done.
remote: Total 445 (delta 151), reused 151 (delta 144), pack-reused 285
Receiving objects: 100% (445/445), 72.55 KiB | 1.04 MiB/s, done.
Resolving deltas: 100% (344/344), done.
Tapped 76 formulae (91 files, 263.2KB).
==> Fetching oven-sh/bun/bun
==> Downloading https://github.com/oven-sh/bun/releases/download/bun-v1.0.30/
bun-darwin-aarch64.zip
```

```
==> Downloading from https://objects.githubusercontent.com/github-production-
release-asset-2e65be/357728969/689b94c7-6af3-
################################################################################
################################ 100.0%
==> Installing bun from oven-sh/bun
==> Caveats
zsh completions have been installed to:
  /opt/homebrew/share/zsh/site-functions
==> Summary
🍺  /opt/homebrew/Cellar/bun/1.0.30: 7 files, 76.8MB, built in 2 seconds
==> Running `brew cleanup bun`...
Disable this behaviour by setting HOMEBREW_NO_INSTALL_CLEANUP.
Hide these hints with HOMEBREW_NO_ENV_HINTS (see `man brew`).
```

1.2 윈도우에서 Bun 설치하기

https://x.com/chawyehsu/status/1774620210269655449

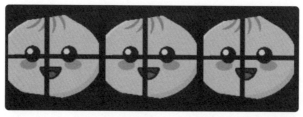

https://x.com/bunjavascript/status/1749274910856445974

윈도우에서는 WSL(Windows Subsystem for Linux)를 통해 Bun을 설치할 수 있습니다. WSL을 쓴다면 앞에서 리눅스에서 설치한 방법과 동일하게 설치가 가능합니다.

WSL을 쓰지 않는 경우 파워셸(PowerShell)에서 다음 명령어를 실행하여 Bun을 설치할 수 있습니다.

```
> powershell -c "irm bun.sh/install.ps1|iex"
```

윈도우의 패키지 매니저인 Scoop을 쓴다면 다음과 같이 Bun을 설치할 수도 있습니다.

```
> scoop install bun
```

다만 이 책의 코드 중 셸 명령어 등은 리눅스 셸 기준으로 작성되었으므로, 윈도우에서 책의 실습을 따라 하려면 WSL을 사용하는 것을 권장합니다.

1.3 Bun 설치 확인하기

-v 또는 --version 옵션과 함께 bun 명령어를 실행했을 때 버전이 출력되면 컴퓨터에 Bun이 잘 설치된 것입니다. 이 책의 코드는 v1.1.29 기준으로 작성되었습니다.

```
$ bun -v
1.1.29
$ bun --version
1.1.29
```

아무 옵션 없이 bun만 실행하면 명령어를 어떻게 사용하는지에 대한 설명이 나옵니다.

```
$ bun
Bun is a fast JavaScript runtime, package manager, bundler, and test runner.
(1.1.29+6d43b3662)
```

```
Usage: bun <command> [...flags] [...args]

Commands:
  run      ./my-script.ts       Execute a file with Bun
           lint                 Run a package.json script
  test                          Run unit tests with Bun
  x        eslint               Execute a package binary (CLI), installing if
                                needed (bunx)
  repl                          Start a REPL session with Bun
  exec                          Run a shell script directly with Bun

  install                       Install dependencies for a package.json (bun i)
  add      next-app             Add a dependency to package.json (bun a)
  remove   @shumai/shumai       Remove a dependency from package.json (bun rm)
  update   left-pad             Update outdated dependencies
  outdated                      Display latest versions of outdated dependencies
  pack                          Archive the current workspace package
  link     [<package>]          Register or link a local npm package
  unlink                        Unregister a local npm package
  patch <pkg>                   Prepare a package for patching
  pm <subcommand>               Additional package management utilities

  build    ./a.ts ./b.jsx       Bundle TypeScript & JavaScript into a single
                                file

  init                          Start an empty Bun project from a blank template
  create   hono                 Create a new project from a template (bun c)
  upgrade                       Upgrade to latest version of Bun.
  <command> --help              Print help text for command.

Learn more about Bun:         https://bun.sh/docs
Join our Discord community:   https://bun.sh/discord
```

1.4 Bun 업데이트하기

2023년 9월에 안정 버전 1.0이 출시된 Bun은 버그 수정과 기능 추가가 활발하게 이뤄지고 있는 아주 젊은 오픈 소스 프로젝트입니다. 거의 매주 새로운 버전이 출시되고 있기 때문에 항상 최신 버전을 사용하는 것을 권장합니다.

Bun을 최신 버전으로 업데이트할 때는 bun upgrade 명령어를 사용합니다. 이미 컴퓨터에 최신 버전이 설치되어 있다면 아래와 같은 메시지가 출력됩니다.

```
$ bun upgrade
Congrats! You're already on the latest version of Bun (which is v1.1.29)
```

만약에 컴퓨터에 구 버전이 설치되어 있다면 최신 버전 설치 후 아래와 같은 메시지가 출력될 것입니다.

```
$ bun upgrade
Bun v1.1.29 is out! You're on v1.1.27
[5.10s] Upgraded.

Welcome to Bun v1.1.29!

What's new in Bun v1.1.29:

    https://bun.sh/blog/release-notes/bun-v1.1.29

Report any bugs:

    https://github.com/oven-sh/bun/issues

Commit log:

    https://github.com/oven-sh/bun/compare/bun-v1.1.27...bun-v1.1.29
```

MacOS에서 Homebrew로 Bun을 설치했다면 brew upgrade bun 명령어를, 윈도우에서 Scoop으로 Bun을 설치했다면 scoop update bun 명령어를 사용하여 업데이트하기 바랍니다.

1.5 Bun 실행하기

Bun의 가장 기본적인 기능은 자바스크립트로 작성된 프로그램을 실행하는 것입니다.

그럼, 한번 테스트를 위해 새로운 파일에 자바스크립트 코드를 작성하고 실행해볼까요?

`Hello, Bun!`이라는 문구를 콘솔에 출력하는 자바스크립트 코드를 `hello.js` 파일에 저장해보겠습니다.

터미널을 열고 다음 명령어를 입력합니다.

```
$ echo "console.log('Hello, Bun! ')" > hello.js
```

`hello.js` 파일에 저장된 내용을 확인합니다.

```
$ cat hello.js
console.log('Hello, Bun! ')
```

이제 Bun으로 `hello.js` 파일을 실행해보겠습니다.

```
$ bun hello.js
Hello, Bun!
```

위와 같이 `Hello, Bun!` 이라는 문구가 보인다면 축하드립니다! 🎉 Bun으로 첫 자바스크립트 코드를 실행해봤습니다.

1.6 REPL 실행하기

마치 웹 브라우저의 개발자 도구 콘솔에서 자바스크립트 코드를 즉성해서 실행해볼 수 있는 것처럼, Bun에서도 **REPL**(read-eval-print loop) 기능을 통해 터미널에서 바로 상호작용할 수도 있습니다. `bun repl`을 실행하면 됩니다.

```
$ bun repl
Welcome to Bun v1.1.29
Type ".help" for more information.
```

```
[!] Please note that the REPL implementation is still experimental!
    Don't consider it to be representative of the stability or behavior of Bun
    overall.
> console.log('Hello, Bun!')
Hello, Bun!
undefined
```

Bun을 차세대 자바스크립트 **런타임**(runtime)이라고 소개했었는데요, 여기서 자바스크립트 런타임은 무엇을 의미하는 걸까요?

자바스크립트 런타임이란 쉽게 말해 자바스크립트로 작성된 프로그램을 실행해주는 소프트웨어를 의미합니다. 가장 흔한 예로, 우리가 매일 사용하는 크롬이나 사파리, 파이어폭스, 엣지와 같은 웹 브라우저를 들 수 있죠. 웹 브라우저는 HTML 문서에서 `<script/>` 태그를 통해 삽입된 자바스크립트 코드를 실행하여 웹페이지가 사용자와 상호작용할 수 있도록 도와주는 자바스크립트 런타임입니다.

옛날에는 자바스크립트로 작성된 프로그램은 이렇게 브라우저를 통해서 클라이언트 측에서만 실행할 수 있었습니다. 그러다 2009년에 Node.js가 등장하면서 서버 측에서도 자바스크립트 프로그램을 실행할 수 있는 길이 열리게 되었습니다. 다시 말해서, 프런트엔드뿐만 아니라 백엔드에서도 자바스크립트를 사용할 수 있게 되었습니다. Node.js는 C++로 개발되었으며, 그 이후에 Node.js를 만든 분이 Rust라는 새로운 언어로 Deno라는 또 다른 자바스크립트 런타임도 개발했습니다.

Bun은 Node.js와 Deno처럼 기본적으로 백엔드 개발에 사용하기 위해서 만들어진 자바스크립트 런타임이며, Zig라는 아직 많은 분들에게 생소할 수도 있는 차세대 프로그래밍 언어로 개발이 되었습니다.

참고로 하나의 프로그래밍 언어에 여러 개의 런타임이 있다는 것은 전혀 이상한 현상이 아닙니다. 예를 들어 파이썬(Python)에도 CPython, PyPy, Jython 등 다양한 런타임이 있고요, 루비(Ruby)에도 MRI, JRuby, Rubinius 등 다양한 런타임이 있습니다. 오히려 다수의 런타임이 서로 경쟁하면서 해당 프로그래밍 언어의 생태계가 더 번영하는 데 도움을 줍니다.

CHAPTER 2

Bun 프로젝트 생성하기

https://x.com/bunjavascript/status/1770294955703251312

이전 장의 끝부분에서 Bun으로 자바스크립트 코드가 작성되어 있는 파일을 일회성으로 실행해보았습니다. 하지만 실제 소프트웨어 개발은 이렇게 단순하지 않고, 대부분 팀 단위의 프로젝트로 진행이 될 것입니다. 이번 장에서는 Bun으로 이러한 자바스크립트 프로젝트를 어떻게 생성하는지 알아보겠습니다.

2.1 자바스크립트 프로젝트란?

소프트웨어 개발에서 프로젝트가 어떤 개념인지 간단히 짚고 넘어가겠습니다. 프로젝트는 쉽게 말해서 소프트웨어를 개발 및 테스트, 배포하기 위해서 필요한 모든 파일들을 한 곳에 모아둔 폴더로 생각할 수 있습니다. 따라서 프로젝트에는 소프트웨어가 작동하기 위해 필요한 소스 코드와 소프트웨어가 제대로 작동하는지 확인하기 위한 테스트 코드, 그리고 여러 개발 도구의 설정이 포함될 수 있습니다. 그리고 여러 개발자가 협업해야 하는 프로젝트는 깃허브와 같은 원격 코드 저장소에 올려놓고 체계적으로 버전을 관리하게 됩니다.

어떤 폴더가 자바스크립트 프로젝트가 되려면 가장 필수적으로 `package.json` 파일이 들어 있어야 합니다. `package.json` 파일은 해당 프로젝트가 자바스크립트 생태계의 일부가 되어 npm 패키지 저장소와 상호작용할 수 있도록 만들어주는 중요한 연결고리입니다. `package.json` 파일에는 해당 자바스크립트 프로젝트가 제대로 작동하려면 npm 저장소로부터 어떤 패키지를 내려받아서 설치해야 하는지 명시되어 있습니다. 그뿐 아니라, npm 저장소에 해당 프로젝트를 패키지로 묶어서 발행(publish)하는 경우, `package.json` 파일에 저장되어 있는 패키지 이름과 버전, 설명, 라이선스, 저자 등과 같은 메타 정보가 npm 저장소에 등록이 됩니다. npm 저장소는 이러한 정보를 토대로 다른 사용자들이 발행된 패키지를 사용할 수 있도록 노출시켜줍니다.

한마디로 요약하면, 자바스크립트 프로젝트를 생성하는 작업은 `package.json` 파일이 들어 있는 폴더를 만드는 것부터 시작됩니다.

2.2 빈 프로젝트 만들기

우선 터미널을 열고 컴퓨터의 원하는 경로에 빈 폴더를 하나 생성합니다.

```
$ mkdir hello-bun
$ cd hello-bun
```

그다음, `bun init` 명령어를 실행하면 다음과 같이 패키지 이름과 진입점을 입력하라고 나오며, 그냥 매 질문에 엔터 키를 치면 현재 폴더명이 패키지 이름이 되고, `index.ts` 파일이 **진입점**(entry point)으로 설정됩니다.

```
$ bun init
bun init helps you get started with a minimal project and tries to guess
sensible defaults. Press ^C anytime to quit

package name (hello-bun):
entry point (index.ts):

Done! A package.json file was saved in the current directory.
 + index.ts
 + .gitignore
 + tsconfig.json (for editor auto-complete)
 + README.md

To get started, run:
  bun run index.ts
```

엔터 키 두 번도 누르기 귀찮다면, `bun init` 명령어를 실행하실 때 `-y` 또는 `--yes` 옵션을 붙여주세요. 그러면 아무런 질문을 하지 않고 기본값을 적용하여 프로젝트를 생성해줄 것입니다.

```
$ bun init -y
Done! A package.json file was saved in the current directory.
 + index.ts
 + .gitignore
 + tsconfig.json (for editor auto-complete)
 + README.md

To get started, run:
  bun run index.ts
```

이제 터미널에서 안내하는 대로 `bun run` 명령어를 통해서 진입점으로 설정한 `index.ts` 파일을 실행해보면 콘솔에 `Hello via Bun!` 메시지가 출력될 것입니다.

```
$ bun run index.ts
Hello via Bun!
```

참고로 진입점으로 설정한 파일을 실행할 때는, 파일 이름을 .으로 명시해줘도 됩니다.

```
$ bun run .
Hello via Bun!
```

참고로 Bun에서 기본으로 제공하는 다른 명령어와 충돌하지 않는다면 굳이 `run`을 붙이지 않아도 됩니다(1장에서 `hello.js` 파일을 실행할 때 이미 그렇게 했습니다).

```
$ bun index.ts
Hello via Bun!
$ bun .
Hello via Bun!
```

2.3 프로젝트 파일 살펴보기

Bun이 생성해준 프로젝트가 어떻게 구성이 되었는지 천천히 함께 살펴볼까요?

폴더에 생성된 파일을 나열해보면, `package.json` 파일과 진입점으로 설정한 `index.ts` 파일이 보입니다. 진입점을 자바스크립트 파일이 아닌 타입스크립트 파일로 설정했기 때문에, 타입스크립트 설정을 위한 `tsconfig.json` 파일도 생겼습니다. 친절하게도, 깃허브와 같은 인터넷에 공개된 코드 저장소에 프로젝트를 올릴 때 편하도록 `.gitignore` 와 `README.md` 파일까지 만들어줬네요. 그뿐만 아니라, 프로젝트가 의존하는 패키지도 이미 설치되어 `node_modules` 폴더에 내려받아져 있습니다.

```
$ ls -A
.gitignore    README.md    bun.lockb    index.ts    node_modules
package.json  tsconfig.json
```

package.json 파일을 열어보면 프로젝트에 대한 전반적인 정보를 얻을 수 있습니다.

```
$ cat package.json

{
  "name": "hello-bun",
  "module": "index.ts",
  "type": "module",
  "devDependencies": {
    "@types/bun": "latest"
  },
  "peerDependencies": {
    "typescript": "^5.0.0"
  }
}
```

각 항목에 대해서 간략하게 설명하자면 다음과 같습니다.

- `name` 속성에는 프로젝트가 npm 저장소에 발행될 때 등록될 이름이 명시됩니다.
- `module` 속성에는 프로젝트의 진입점으로 사용될 파일의 경로가 명시됩니다.
- `type` 속성이 `module`로 설정되어 있으면, 해당 프로젝트는 모듈 시스템으로 **ESM**(ECMAScript Modules)을 사용한다는 의미입니다(이 부분에 대해서는 나중에 모듈 시스템을 다룰 때 자세히 알아보겠습니다).
- `devDependencies` 속성과 `peerDependencies` 속성에는 프로젝트에서 의존하는 패키지가 나열됩니다.

프로젝트의 진입점인 `index.ts` 파일을 열어보면 다음과 같이 한 줄의 타입스크립트 코드를 볼 수 있습니다. 방금 전에 `bun run index.ts`을 실행했을 때 콘솔에 출력되었던 메시지가 `console.log()` 함수의 인수로 넘어가고 있습니다.

```
$ cat index.ts
console.log("Hello via Bun!");
```

2.4 템플릿 기반 프로젝트 만들기

npm 저장소에는 이름이 create-로 시작하는 수많은 패키지가 등록이 되어 있습니다. 소위 **초기자**(initializer)나 **프로젝트 템플릿**(project template)이라고 불리는 이러한 패키지는 특정 프레임워크를 기반으로 자바스크립트 프로젝트를 빠르고 쉽게 생성해주는 프로그램을 담고 있습니다. 예를 들어 create-react-app라는 패키지는 리액트 기반 자바스크립트 프로젝트를 생성해주는 패키지이며, create-vue라는 패키지는 Vue 기반 자바스크립트 프로젝트를 생성해주는 패키지입니다.

Bun은 이러한 템플릿을 기반으로 자바스크립트 프로젝트를 생성할 수 있도록 bun create 또는 bun c 명령어를 제공합니다. 예를 들어 Vue 기반 프로젝트를 생성해보겠습니다.

```
$ bun create vue

Vue.js - The Progressive JavaScript Framework

✔ Project name: … vue-project
✔ Add TypeScript? … No / Yes
✔ Add JSX Support? … No / Yes
✔ Add Vue Router for Single Page Application development? … No / Yes
✔ Add Pinia for state management? … No / Yes
✔ Add Vitest for Unit Testing? … No / Yes
✔ Add an End-to-End Testing Solution? › No
✔ Add ESLint for code quality? … No / Yes
✔ Add Vue DevTools 7 extension for debugging? (experimental) … No / Yes

Scaffolding project in /Users/daleseo/Temp/vue-project...

Done. Now run:

  cd vue-project
  bun install
  bun dev
```

bun create <템플릿명> 형태로 명령어를 실행하면 Bun은 npm 저장소에 이름이

create-<템플릿>으로 등록된 패키지를 찾아서 실행해줍니다. 즉, 이 경우에는 create-vue 패키지가 실행되며, 이 패키지는 Vue 기반 프로젝트를 생성해주는 프로그램을 담고 있습니다.

```
$ cd vue-project
$ ls -A
.gitignore      README.md       jsconfig.json  public        vite.config.js
.vscode         index.html      package.json   src
```

마찬가지 방법으로 리액트 개발을 할 때 많이 사용되는 메타 프레임워크 Next.js 기반 프로젝트도 쉽게 생성할 수 있습니다.

```
$ bun create next-app
```

본인이 사용하는 프레임워크가 create-로 시작하는 패키지를 제공하고 있다면, bun create 명령어를 활용해서 간편하게 프로젝트를 생성할 수 있겠죠? 대부분의 사용자 경험을 중시하는 유명한 자바스크립트 프레임워크는 이러한 초기자 패키지를 제공하고 있습니다.

초기자는 어떤 프레임워크를 기반으로 프로젝트를 빠르고 쉽게 구성할 수 있도록 도와주는 CLI 도구입니다. 보통 사용자로부터 프로젝트 템플릿이나 다른 옵션을 입력받아서, 이를 토대로 별다른 추가 설정 없이 바로 개발을 시작할 수 있는 프로젝트를 뚝딱 만들어주죠.

그러면 이러한 초기자 패키지는 어디서부터 오는 걸까요? 당연히 npm 패키지 저장소겠죠?

브라우저에서 npm 저장소 사이트(https://www.npmjs.com/)를 열고 한번 `create-`로 검색해보면 수많은 패키지들이 결과로 나올 텐데, 얘네들이 바로 initializer입니다. 즉, 초기자는 npm 저장소에 올릴 때 패키지 이름을 `create-`로 시작하도록 약속되어 있습니다.

예를 들어 Gatsby의 초기자는 npm 저장소에 create-gatsby(https://www.npmjs.com/package/create-gatsby)라는 이름으로 등록되어 있고, Vue.js의 초기자는 npm 저장소에 create-vue(https://www.npmjs.com/package/create-vue)라는 이름으로 등록되어 있습니다.

터미널에서 `bun create ???`라고 실행하면 Bun은 패키지 저장소에서 `create-???`라는 패키지를 내려받아 실행해줍니다.

제 블로그에서 npm의 초기자 패키지 관련 내용을 더 자세히 다루고 있으니 공부하고 싶은 분들은 아래 포스팅을 참고 바라겠습니다.

* https://www.daleseo.com/js-npm-init/

CHAPTER 3

Bun으로 프로그램 실행하기

A fast runtime and toolkit
for JavaScript & TypeScript.

https://bun.sh/

지난 장에서는 bun init나 bun create 명령어를 통해서 새로운 프로젝트를 생성하는 방법을 배웠습니다. 이번 장에서는 Bun 프로젝트에서 컴파일 과정 없이 얼마나 쾌적하게 타입스크립트를 설정하고 실행할 수 있는지에 대해서 알아보겠습니다.

3.1 타입스크립트란?

프로그래밍 언어 중에서는 자료형(type)이 컴파일 시점에 결정되는 언어와 실행 시점에 결정되는 언어가 있습니다. 보통 전자를 **정적 타이핑**(static typing) 언어, 후자를 **동적 타이핑**(dynamic typing) 언어라고 합니다. 정적 타이핑 언어를 사용하면 개발자가 코드를 작성할 때 자료형을 일일이 명시해야 하지만, 동적 타이핑 언어를 사용하면 프로그램이 실행될 때 자료형을 알아서 유추하죠.

자바스크립트는 자료형이 실행 시점에 결정이 되는 대표적인 동적 타이핑 언어입니다. 동적 타이핑 언어를 사용하면 상대적으로 적은 양의 코드로 빠르게 애플리케이션을 개발할 수 있다는 이점이 있습니다. 하지만 애플리케이션을 배포하기 전에 별도의 타입 검사를 하지 않기 때문에 프로그램 실행 시점에서 오류가 발생할 위험이 높습니다.

이러한 동적 타이핑 언어의 태생적인 한계를 극복하기 위해서 타입스크립트라는 자바스크립트를 확장하는 새로운 프로그래밍 언어가 등장했습니다. 타입스크립트를 사용하면 개발자가 자바스크립트의 변수나 함수, 클래스에 자료형을 선택적으로 명시해줄 수 있습니다. 그리고 타입스크립트로 작성된 코드는 컴파일러(compiler)를 통해서 자바스크립트로 변환되어 브라우저 환경에서도 실행이 가능하게 됩니다.

타입스크립트 덕분에 좀 더 안정적이고 신뢰할 수 있는 자바스크립트 애플리케이션을 개발할 수 있게 되었습니다. 이러한 타입스크립트의 이점이 알려지면서 점점 많은 프로젝트들이 타입스크립트를 도입했고 요즘에는 프런트엔드, 백엔드를 가리지 않고 타입스크립트로 코드를 작성하는 것이 당연시되고 있는 추세입니다. 따라서 자바스크립트 개발자로서 타입스크립트를 할 줄 아는 것은 업계에서 거의 필수가 되고 있는 분위기입니다.

모든 기술에 다 장단점이 있는 것처럼 타입스크립트도 장점만 있는 것은 아닙니다. 자바스크립트로 코드를 작성할 때는 필요가 없었던 컴파일 과정이 추가되었습니다. 시중에 있는 대부분의 웹 브라우저는 타입스크립트 코드를 이해할 수 없으며, 백엔드에서 많이 사용되는 Node.js와 같이 기존에 많이 쓰이던 자바스크립트 런타임도 타입스크립트로 작성된 프로그램을 바로 실행할 수 없기 때문입니다.

Bun은 자바스크립트로 작성된 코드뿐만 아니라 타입스크립트로 작성된 코드도 실행할 수 있는 혁신적인 자바스크립트 런타임입니다. Bun을 사용하면 타입스크립트를 자바스크립트로 컴파일하는 번거로움 없이 바로 타입스크립트 코드를 있는 그대로 실행할 수 있습니다.

3.2 타입스크립트 실행

새로운 프로젝트를 생성하고, hello.ts 파일에 간단한 타입스크립트 코드를 작성해보겠습니다.

```
hello.ts
// 변수 선언
let myName string = "Bun";

// 함수 선언
function hi(name: string): void {
  console.log(`Hi, ${name}!`);
}

// 함수 호출
hi(myName);

// 클래스 선언
class Person {
  name: string;

  constructor(name: string) {
    this.name = name;
  }

  hello() {
    console.log(`Hello, ${this.name}!`);
  }
```

```
}
// 객체 생성
const person = new Person(myName);

// 메서드 호출
person.hello();
```

터미널을 열고 `bun run` 명령어를 통해서 `hello.ts` 파일을 실행해보면, 함수와 객체의
메서드를 호출한 결과가 콘솔에 출력되는 것을 볼 수 있습니다.

```
$ bun run hello.ts
Hi, Bun!
Hello, Bun!
```

`hello.ts`는 Bun의 기본 명령어와 충돌하지 않으니 굳이 `run`을 붙이지 않아도 됩니다.

```
$ bun hello.ts
Hi, Bun!
Hello, Bun!
```

정말 간단하죠? 컴파일 과정 없이 타입스크립트로 작성되어 있는 파일을 바로 실행하
면 됩니다.

3.3 Node.js와의 비교

만약에 Node.js로 `hello.ts` 파일을 실행했다면 어떻게 되었을까요? Node.js는 타입스
크립트 파일을 실행할 수 없기 때문에 다음 오류가 발생했을 것입니다.

```
$ node hello.ts

node:internal/errors:496
    ErrorCaptureStackTrace(err);
```

```
          ^

TypeError [ERR_UNKNOWN_FILE_EXTENSION]: Unknown file extension ".ts" for /Users/
daleseo/Temp/hello-bun/hello.ts
    at new NodeError (node:internal/errors:405:5)
    at Object.getFileProtocolModuleFormat [as file:] (node:internal/modules/esm/
get_format:79:11)
    at defaultGetFormat (node:internal/modules/esm/get_format:124:36)
    at defaultLoad (node:internal/modules/esm/load:84:20)
    at nextLoad (node:internal/modules/esm/loader:163:28)
    at ESMLoader.load (node:internal/modules/esm/loader:603:26)
    at ESMLoader.moduleProvider (node:internal/modules/esm/loader:457:22)
    at new ModuleJob (node:internal/modules/esm/module_job:64:26)
    at #createModuleJob (node:internal/modules/esm/loader:480:17)
    at ESMLoader.getModuleJob (node:internal/modules/esm/loader:434:34) {
  code: 'ERR_UNKNOWN_FILE_EXTENSION'
}

Node.js v18.17.0
```

따라서 다음과 같이 `npx` 명령어로 타입스크립트 컴파일러인 `tsc`를 실행하여 `hello.ts`
파일을 `hello.js` 파일로 변환한 후에, Node.js로 `hello.js` 파일을 실행해야 했을 것입
니다.

```
$ npx tsc
$ ls hello.*
hello.js hello.ts
$ node hello.js
Hi, Bun!
Hello, Bun!
```

이렇게 터미널에서 하나의 타입스크립트 파일을 실행하기 위해서 컴파일하는 것은 대
수롭지 않게 보일 수도 있습니다. 하지만, 실제 프로젝트에서는 수많은 타입스크립트
파일이 있고, 코드를 변경할 때마다 컴파일이 되게 하려면 추가적인 개발 도구의 도움
이 필요하기 마련입니다. 그래서 실제 프로젝트 환경에서는 컴파일 과정이 개발자에게
상당히 불편한 경험이 될 수 있습니다.

3.4 타입스크립트 설정

타입스크립트 설정은 `tsconfig.json`을 통해서 합니다. `bun init` 명령어로 Bun 프로젝트를 생성하면 기본적인 타입스크립트 설정이 자동으로 되지만, 기존 프로젝트에서 Bun을 도입할 경우에는 `@types/bun` 패키지를 **개발 의존성**(dev dependency)으로 설치해 줘야 합니다.

```
$ bun add -d @types/bun
```

`@types/bun` 패키지는 Bun의 자바스크립트 API에 대한 타입 정보가 들어 있습니다. 이 패키지를 설치하지 않으면, Bun에서 제공되는 모듈을 사용할 때 타입 오류가 발생할 수 있으며, 코드 편집기에서도 Bun과 관련된 코드 아래에 빨간 줄이 표시될 수 있으니 주의 바랍니다.

아래는 Bun에서는 권장하는 타입스크립트 설정이 반영되어 있는 `tsconfig.json` 파일의 모습입니다. 불필요한 문제를 예방하려면 가급적 권장 설정을 따르는 것이 좋습니다.

```json
tsconfig.json

{
  "compilerOptions": {
    // Enable latest features
    "lib": ["ESNext", "DOM"],
    "target": "ESNext",
    "module": "ESNext",
    "moduleDetection": "force",
    "jsx": "react-jsx",
    "allowJs": true,

    // Bundler mode
    "moduleResolution": "bundler",
    "allowImportingTsExtensions": true,
    "verbatimModuleSyntax": true,
    "noEmit": true,
```

```
    // Best practices
    "strict": true,
    "skipLibCheck": true,
    "noFallthroughCasesInSwitch": true,

    // Some stricter flags (disabled by default)
    "noUnusedLocals": false,
    "noUnusedParameters": false,
    "noPropertyAccessFromIndexSignature": false
  }
}
```

자바스크립트는 생겨난 지 30년은 된 프로그래밍 언어이지만 타입스크립트는 이제 겨우 탄생한 지 10년이 조금 넘었습니다. 최근에 만들어진 자바스크립트 패키지는 대부분은 타입 선언(type definition)이 내장되어 있지만, 타입스크립트가 등장하기 이전에 만들어진 많은 패키지들이 타입을 제공하지 않습니다. 대표적인 예로 백엔드 개발에서 많이 사용되는 익스프레스(Express)와 프런트엔드 개발에 많이 사용되는 리액트를 들 수 있죠.

Definitely Typed(https://github.com/DefinitelyTyped/DefinitelyTyped)는 이렇게 타입 선언이 누락된 자바스크립트 패키지들를 위한 타입 저장소입니다. 이곳에는 익스프레스나 리액트뿐만 아니라, 우리가 사용하는 역사가 오래된 대부분의 자바스크립트 라이브러리와 프레임워크에 대한 타입이 선언되어 있습니다. 각 패키지에 대한 타입은 `.d.ts` 확장자를 가진 타입 선언 파일로 제공되며 `@types` 범위(scope)로 npm 저장소에 발행하도록 약속되어 있습니다. 예를 들어 익스프레스의 패키지명은 `express`이기 때문에, 타입 선언을 담고 있는 패키지의 이름은 `@types/express`입니다. 마찬가지로, `react` 패키지에 대한 타입 선언은 `@types/react`에 담겨 있습니다.

타입스크립트 프로젝트에서 이렇게 타입 선언이 누락된 자바스크립트를 사용할 때는 그에 상응하는 `@types`로 시작하는 타입 패키지도 설치해주는 것이 좋습니다. 타입스크립트 컴파일러가 해당 프로젝트를 컴파일할 때 타입 오류를 잡아낼 수 있기 때문입니다. 그뿐 아니라, 코드 편집기에서도 자동 완성과 같은 부가적인 기능이 제공되므로 개발자 실수를 줄임과 동시에 개발자 경험도 향상됩니다. 굳이 API 문서를 보지 않더라도 코드 편집기 내에서 해당 패키지의 API를 빠르게 파악할 수 있기 때문에 개발 생산성 측면에서도 이점이 있습니다.

자바스크립트 런타임은 약간 다른 이유로 타입 선언을 별도의 패키지로 발행합니다. 바로 런타임 자체가 자바스크립트로 쓰여 있지 않기 때문에 자바스크립트 패키지 저장소인 npm에 발행할 이유가 없기 때문입니다. 그래서 Bun에서도 `@types/bun` 패키지를 제공하고 있습니다. 프로젝트에서 `@types/bun` 패키지를 설치함으로써, Bun에서 제공하는 API를 바르게 파악할 수 있고, 타입 검사를 통해서 좀 더 안전하게 Bun을 사용할 수 있습니다. Definitely Typed 저장소 내에서 `@types/bun` 패키지의 위치는 다음과 같습니다.

- https://github.com/DefinitelyTyped/DefinitelyTyped/tree/master/types/bun

참고로 Definitely Typed는 오픈 소스 프로젝트이기 때문에 누구나 기여할 수 있습니다. 새로운 타입 정의를 추가하거나 기존 타입 정의를 개선하는 것에 참여할 수 있죠. 또한, Definitely Typed 커뮤니티는 깃허브를 통해 활발하게 소통하고 있으며, 문제를 보고하거나 질문을 할 수 있는 공간을 제공하고 있습니다. 오픈 소스 기여에 관심이 있다면 Definitely Typed 프로젝트에서 시작하는 것도 좋은 방법일 것입니다.

제 블로그에서 Definitely Typed에 대해 자세히 다루고 있으니 더 알고 싶은 분들은 아래 포스팅을 참고 바라겠습니다.

- https://www.daleseo.com/definitely-typed/

CHAPTER 4

Bun으로 패키지 관리하기

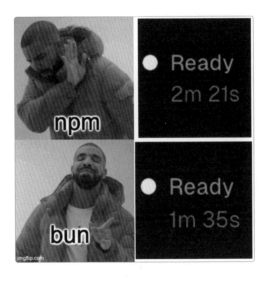

패키지 매니저(package manager)는 프로젝트가 의존하고 있는 패키지를 효과적으로 설치, 갱신, 삭제할 수 있도록 도와주는 관리 도구입니다. 그 어떤 프로그래밍 언어보다 풍부한 오픈 소스 생태계를 자랑하는 자바스크립트에서 패키지 매니저의 역할은 정말로 중요합니다. 아무리 간단한 자바스크립트 프로젝트라고 해도 적게는 수십 개, 많게는 수백 개의 다른 패키지에 의존하기 때문입니다.

이번 장에서는 Bun을 통해서 npm 저장소를 이용해 어떻게 효과적으로 패키지를 관리할 수 있는지 알아보겠습니다.

4.1 npm 패키지 저장소

자바스크립트의 공개 패키지 저장소인 **npm 저장소**(https://www.npmjs.com/)에는 단일 프로그래밍 언어 기준으로 세상에서 가장 많은 수의 패키지가 등록되어 있습니다. 그리고 우리가 개발하는 대부분의 자바스크립트 애플리케이션은 이러한 npm 저장소에 있는 패키지를 기반으로 돌아간다고 해도 과언이 아니죠. 기업에서는 보안을 위해서 내부망에서만 접근이 가능한 사설 저장소를 운영하는 경우도 있습니다.

공개 저장소에서 패키지를 내려받든 사설 저장소에서 패키지를 내려받든 프로젝트에 패키지를 설치하면 node_modules 폴더에 저장됩니다. 소프트웨어 프로젝트에서는 패키지가 일회성으로 설치되는 것이 아니라 개발자의 PC와 CI 서버나 QA 서버, 상용(production) 서버 등 다양한 환경에서 반복적으로 설치되어야 하기 때문에 package.json 파일에 해당 프로젝트가 의존하고 있는 모든 패키지 이름과 버전을 등록해놓습니다.

자바스크립트 생태계에서는 npm과 Yarn이라는 두 가지 패키지 매니저가 양대산맥처럼 오랫동안 사용되었습니다. npm은 Node.js 런타임을 설치하면 함께 설치되는 기본 패키지 매니저입니다. Yarn(Yet Another Resource Negotiator)은 메타(구 페이스북)에서 2016년에 만든 자바스크립트 패키지 매니저입니다. 최근에는 pnpm과 같은 새로운 패키지 매니저도 등장하고 있습니다.

Bun은 Node.js와 같이 패키지 매니저를 내장하고 있지만 사용자 경험 측면에서 차이가 있습니다. Node.js의 경우에는 기본 node 명령어와 별도로 패키지 관리를 위한 npm이라는 독립된 명령어가 있는 반면에, Bun의 경우에는 기본 명령어인 bun을 통해서 패키지 관리를 합니다.

그 밖에도 성능 측면에서 Bun은 다른 패키지 매니저를 압도합니다. 벤치마킹 결과 npm보다는 29배 빠르고 Yarn보다는 33배 빠르고 pnpm보다는 17배 빠른 것으로 알려져 있습니다.

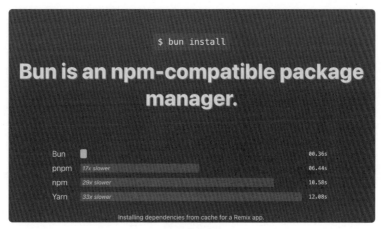

https://bun.sh/

4.2 패키지 일괄 설치

프로젝트의 `package.json` 파일에는 다양한 방식으로 의존 관계에 있는 패키지의 이름과 버전이 나열되어 있습니다.

- `dependencies` 항목에는 애플리케이션이 실행하는 데 필요한 패키지가 나열됩니다.
- `devDependencies` 항목에는 애플리케이션을 개발할 때 필요한 패키지가 나열됩니다.
- `optionalDependencies` 항목에는 애플리케이션이 실행하는 데 선택적으로 필요한 패키지가 나열됩니다.
- `peerDependencies` 항목에는 애플리케이션 사용자가 해당 패키지를 사용하기 위해서 함께 설치해야 할 패키지가 나열됩니다.

`bun install` 또는 `bun i` 명령어를 설치하면 기본적으로 `package.json` 파일에 나열되어 있는 모든 패키지를 설치합니다.

간단한 실습을 위해서 `bun create` 명령어를 사용하여 `bun-react` 폴더에 리액트 프로
젝트를 하나 생성해보겠습니다.

```
$ bun create vite
✓ Project name: ... bun-react
✓ Select a framework: > React
✓ Select a variant: > TypeScript

Scaffolding project in /Users/daleseo/Temp/bun-react...

Done. Now run:

  cd bun-react
  bun install
  bun run dev
```

그다음, `bun-react` 폴더에 들어가서 `bun install` 명령어를 실행하면 `package.json` 파
일에 나열되어 있는 모든 패키지가 `node_modules` 폴더 안에 다운로드됩니다.

```
$ cd bun-react
$ bun install
bun install v1.1.29 (6d43b366)
 + @types/react@18.2.42
 + @types/react-dom@18.2.17
 + @typescript-eslint/eslint-plugin@6.13.2
 + @typescript-eslint/parser@6.13.2
 + @vitejs/plugin-react@4.2.1
 + eslint@8.55.0
 + eslint-plugin-react-hooks@4.6.0
 + eslint-plugin-react-refresh@0.4.5
 + typescript@5.3.2
 + vite@5.0.5
 + react@18.2.0
 + react-dom@18.2.0

208 packages installed [2.62s]**
```

리액트 애플리케이션을 구동하는 데 필요한 모든 패키지가 설치되었기 때문에 `bun run`

dev 명령어를 통해서 웹 앱을 구동할 수 있습니다.

```
$ bun run dev
vite

  VITE v5.0.5  ready in 433 ms

  →  Local:   http://localhost:5173/
  →  Network: use --host to expose
  →  press h + enter to show help
```

개발 의존성 패키지도 모두 설치되었기 때문에 bun run lint 명령어를 통해 코드 정적
분석, 즉 린트(lint) 작업도 수행할 수 있습니다.

```
$ bun run lint
eslint . --ext ts,tsx --report-unused-disable-directives --max-warnings 0
```

상용 환경에 애플리케이션을 배포할 때는 굳이 개발 의존성 패키지를 설치할 필요가
없습니다. -p 옵션 또는 --production 옵션을 줘서 bun install 명령어를 실행하면 애
플리케이션이 실행되는 데 필요한 패키지만 설치됩니다.

```
$ bun install --production
bun install v1.1.29 (6d43b366)
 + react@18.2.0
 + react-dom@18.2.0

 5 packages installed [5.00ms]
```

4.3 새로운 패키지 설치

프로젝트에 새로운 패키지를 설치할 때는 bun add 또는 bun a 명령어를 사용합니다. 명
령어의 인수로 설치할 패키지의 이름을 인수로 넘기면 됩니다.

간단한 실습을 위해, 타입스크립트 기반 유효성 검증 라이브러리인 Zod 패키지를 설치해보겠습니다. 다음과 같이 `bun add zod`를 실행합니다.

```
$ bun add zod
bun add v1.1.29 (6d43b366)

 installed zod@3.22.4

 1 package installed [185.00ms]
```

`package.json` 파일을 확인해보면 `dependencies` 목록에 `zod` 항목이 추가되어 있는 것이 확인됩니다.

```
$ cat package.json | jq -r .dependencies.zod
^3.22.4
```

`node_modules` 폴더 속에 해당 패키지가 다운로드된 것을 볼 수 있습니다.

```
$ ls node_modules/zod
LICENSE        README.md      index.d.ts    lib          package.json
```

프로젝트의 모든 패키지가 애플리케이션이 실행될 때 필요한 것은 아니죠? 개발이나 테스트할 때만 필요한 패키지도 있습니다. 이러한 패키지를 개발 의존성(dev dependency)라고 하는데, 대표적인 예로 코드 포매터(formatter)나 린터(linter)를 들 수 있습니다.

개발 의존성 패키지를 설치할 때는 `-d` 또는 `--dev` 옵션과 함께 `bun add` 명령어를 사용합니다.

예를 들어 자바스크립트에서 가장 많이 사용되는 포매터인 Prettier, 그리고 가장 많이 사용되는 린터인 ESLint를 설치해보겠습니다.

```
$ bun add -d prettier eslint
bun add v1.1.29 (6d43b366)

 installed prettier@3.2.5 with binaries:
  - prettier
 installed eslint@8.57.0 with binaries:
  - eslint

 100 packages installed [1248.00ms]
```

package.json 파일을 확인해보면 devDependencies 목록에 prettier 와 eslint 항목
이 추가되어 있는 것이 확인됩니다.

```
$ cat package.json | jq -r .devDependencies.prettier
^3.2.5
$ cat package.json | jq -r .devDependencies.eslint
^8.57.0
```

node_modules 폴더에도 마찬가지로 이 두 패키지가 다운로드된 것을 볼 수 있습니다.

```
$ ls node_modules/prettier
LICENSE         doc.d.ts        index.cjs       internal        standalone.d.ts
README.md       doc.js          index.d.ts      package.json    standalone.js
bin             doc.mjs         index.mjs       plugins         st
$ ls node_modules/eslint
LICENSE     README.md     bin        conf         lib        messages
package.json
```

4.4 기존 패키지 제거

프로젝트에 설치되어 있던 패키지를 제거하려면 bun remove 또는 bun rm 명령어 뒤에
패키지 이름을 명시하여 실행하면 됩니다.

```
$ bun remove zod
bun remove v1.1.29 (6d43b366)
 - zod

 1 package removed [65.00ms]
```

다시 `package.json` 파일을 확인해보면 dependencies 목록에 zod 항목이 사라진 것을 볼 수 있습니다.

```
$ cat package.json | jq -r .dependencies.zod
null
```

node_modules 폴더 속에 있던 Zod 패키지의 폴더도 제거된 것을 확인할 수 있습니다.

```
$ ls node_modules/zod
ls: node_modules/zod: No such file or directory
```

4.5 기존 패키지 갱신

우리가 프로젝트 패키지를 설치한 이후에도 같은 패키지의 새로운 버전이 계속해서 npm 저장소에 올라옵니다. 새로운 버전에는 신규 기능뿐만 아니라 버그 수정도 있기 때문에, 유지보수 측면에서 주기적으로 패키지를 최신 버전으로 업데이트해주는 것이 중요합니다. bun update 명령어를 사용하면 `package.json`에 명시된 시맨틱(semantic) 버전을 기준으로 안전하게 패키지를 일괄 갱신해줍니다.

간단한 실습을 위해서 zod 패키지를 ^3.19.1 버전 범위(range)로 설치해보겠습니다. 이렇게 버전 앞에 ^ 기호를 붙이면 꼭 3.19.1 버전뿐만 아니라 새로운 메이저(major) 버전, 즉 4.0.0 이전까지는 설치해도 무방하다는 의미입니다.

예시를 위해, 설치 명령을 실행하는 시점에서는 zod 패키지 버전이 3.22.4까지 나왔다고 가정하겠습니다.

```
$ bun add zod@^3.19.1
bun add v1.1.29 (6d43b366)

installed zod@3.22.4

1 package installed [135.00ms]
```

이후 시간이 더 흘러, 다른 패키지들의 버전은 변화가 없고 zod 패키지의 최신 버전만 3.23.8로 올라갔다고 가정합시다. 이 상태에서 bun outdated 명령어를 실행하면 업데이트 가능한 버전이 있다고 나올 것입니다.

```
$ bun outdated
bun outdated v1.1.29 (6d43b366)

┌─────────┬─────────┬─────────┬─────────┐
│ Package │ Current │ Update  │ Latest  │
├─────────┼─────────┼─────────┼─────────┤
│ zod     │ 3.22.4  │ 3.23.8  │ 3.23.8  │
└─────────┴─────────┴─────────┴─────────┘
```

Update에 보이는 버전은 package.json 파일에 명시된 범위(^3.19.1)에 부합하는 최신 버전이고, Latest에 보이는 버전은 범위와 무관하게 npm 저장소에 등록된 가장 최신 버전입니다.

따라서 Update와 Latest 버전은 일치하지 않을 수도 있습니다. zod 패키지가 3.23.8 이후 4.0.0이 나왔다고 가정해봅시다. Update 버전은 여전히 3.23.8이겠지만 Latest에는 4.0.0이라고 표시될 것입니다. 이 상태에서 bun update 명령어를 실행하면 Update에 표시된 3.23.8로 업데이트되지 4.0.0으로 업데이트되지는 않습니다.

```
$ bun update
bun update v1.1.29 (6d43b366)

↑ zod 3.22.4 → 3.23.8

1 package installed [372.00ms]
```

패키지들을 버전 범위 내에서 업데이트하는 동시에 재설치까지 하려면 --force 옵션과 함께 bun update 명령어를 사용하면 됩니다. 범위를 벗어나는 최신 버전이 있을 경우, 다음과 같이(가상의 결과입니다) 해당 패키지 옆에 (v4.0.0 available) 식으로 표시가 될 것입니다.

```
$ bun update --force
bun update v1.1.29 (6d43b366)

+ @eslint/js@9.11.1
+ @types/react@18.3.9
+ @types/react-dom@18.3.0
+ @vitejs/plugin-react@4.3.1
+ eslint@9.11.1
+ eslint-plugin-react-hooks@4.6.2
+ eslint-plugin-react-refresh@0.4.12
+ globals@15.9.0
+ typescript@5.6.2
+ typescript-eslint@8.7.0
+ vite@5.4.7
+ react@18.3.1
+ react-dom@18.3.1
+ zod@3.23.8 (v4.0.0 available)

195 packages installed [3.63s]
```

지정 범위를 무시하고 npm 저장소에 등록된 가장 최신 버전으로 업데이트하려면 --latest 옵션을 사용할 수는 있지만, 범위를 무시하고 모든 패키지 버전을 업데이트하는 것은 위험한 일입니다. 보통 패키지의 메이저 버전이 올라갈 때는 기존 버전과의 호환성을 보장하지 않기 때문에 프로젝트에서 문제가 발생할 수도 있습니다. --force 옵션이든 --latest 옵션이든 실제 프로젝트에서는 사용을 삼가는 게 좋습니다.

4.6 설치된 패키지 목록 확인

기본적인 패키지 설치, 제거, 갱신분만 아니라 더 편리하게 패키지를 관리할 수 있도록 Bun은 추가적인 유틸리티인 bun pm 명령어를 제공하고 있습니다.

bun pm ls 명령어를 사용하면 현재 프로젝트에 설치된 모든 패키지가 나열됩니다.

```
$ bun pm ls
/Users/daleseo/Temp/bun-react node_modules (372)
├── @types/react@18.2.42
├── @types/react-dom@18.2.17
├── @typescript-eslint/eslint-plugin@6.13.2
├── @typescript-eslint/parser@6.13.2
├── @vitejs/plugin-react@4.2.1
├── eslint@8.55.0
├── eslint-plugin-react-hooks@4.6.0
├── eslint-plugin-react-refresh@0.4.5
├── react@18.2.0
├── react-dom@18.2.0
├── typescript@5.3.3
├── vite@5.0.6
└── zod@3.22.4
```

bun pm ls 명령어를 실행할 때 --all 옵션을 붙이면 직접 설치한 패키지뿐만 아니라 그 패키지들이 의존하는 다른 패키지까지 재귀적으로 포함하여 완전한 의존성 트리 구조로 출력됩니다.

```
$ bun pm ls --all
/Users/daleseo/Temp/bun-react node_modules
├── @aashutoshrathi/word-wrap@1.2.6
├── @ampproject/remapping@2.2.1
├── @babel/code-frame@7.23.5
│   └── chalk@2.4.2
│       ├── ansi-styles@3.2.1
│       │   └── color-convert@1.9.3
│       │       └── color-name@1.1.3
│       ├── escape-string-regexp@1.0.5
│       └── supports-color@5.5.0
│           └── has-flag@3.0.0
├── @babel/compat-data@7.23.5
├── @babel/core@7.23.5
│   └── semver@6.3.1
├── @babel/generator@7.23.5
├── @babel/helper-compilation-targets@7.22.15
│   ├── lru-cache@5.1.1
```

```
│   │   └─ yallist@3.1.1
│   └─ semver@6.3.1
├─ @babel/helper-environment-visitor@7.22.20
├─ @babel/helper-function-name@7.23.0
├─ @babel/helper-hoist-variables@7.22.5
├─ @babel/helper-module-imports@7.22.15
├─ @babel/helper-module-transforms@7.23.3
├─ @babel/helper-plugin-utils@7.22.5
├─ @babel/helper-simple-access@7.22.5
├─ @babel/helper-split-export-declaration@7.22.6
├─ @babel/helper-string-parser@7.23.4
├─ @babel/helper-validator-identifier@7.22.20
├─ @babel/helper-validator-option@7.23.5
├─ @babel/helpers@7.23.5
├─ @babel/highlight@7.23.4
│   └─ chalk@2.4.2
│       ├─ ansi-styles@3.2.1
│       │   └─ color-convert@1.9.3
│       │       └─ color-name@1.1.3
│       ├─ escape-string-regexp@1.0.5
│       └─ supports-color@5.5.0
│           └─ has-flag@3.0.0
├─ @babel/parser@7.23.5
├─ @babel/plugin-transform-react-jsx-self@7.23.3
├─ @babel/plugin-transform-react-jsx-source@7.23.3
├─ @babel/template@7.22.15
├─ @babel/traverse@7.23.5
│   └─ globals@11.12.0
├─ @babel/types@7.23.5
(... 생략 ...)
```

4.7 전역 패키지 캐시

Bun은 npm 저장소로부터 동일한 패키지를 다시 내려받는 것을 최소화하기 위해서 여러 프로젝트가 공유할 수 있는 전역 패키지 캐시를 제공하고 있습니다. 이 캐시의 경로는 bun pm cache 명령어를 통해 확인해볼 수 있습니다.

```
$ bun pm cache
```

```
/Users/daleseo/.bun/install/cache
```

이 폴더 안에는 컴퓨터에서 여태까지 설치한 모든 Bun 프로젝트에서 설치한 패키지의 원본이 저장되어 있습니다. 우리가 어떤 프로젝트에서 `bun add` 명령어로 특정 패키지를 설치하거나 `bun install` 명령어로 패키지를 일괄 설치할 때, Bun은 우선 이 캐시 폴더 안에 이미 내려받은 패키지가 있는지 확인하고 있다면 단순히 해당 패키지를 프로젝트의 `node_modules` 폴더에 복제만 합니다. 만약에 이미 받아놓은 패키지가 캐시에 없다면 원격에 있는 npm 저장소로부터 패키지를 내려받습니다.

캐시된 패키지의 내용에 문제가 의심되거나, 오래된 버전의 패키지가 너무 많은 디스크 용량을 점유한다면, 전역 캐시에 저장해둔 패키지를 모두 지울 수 있습니다. 이때는 `bun pm cache rm` 명령어를 사용합니다.

```
$ bun pm cache rm
```

이렇게 전역 캐시를 비워주면 패키지 설치 시 npm 저장소로부터 다시 내려받게 됩니다. 최초 1회에만 npm 저장소로부터 내려받으며, 그 이후부터는 다시 캐시에 받아놓은 패키지를 그대로 복제해서 사용하게 됩니다.

4.8 패키지 잠금 파일

Bun은 각 패키지가 정확히 어떤 버전이 설치가 되어 있는지를 bun.lockb 파일에 저장합니다. 성능을 위해서 이 파일은 바이너리 형태로 되어 있어서 사람이 읽는 것이 불가능하지만 `bun bun.lockb` 명령어를 실행하면 파일 내용을 육안으로 확인해볼 수도 있습니다.

```
$ bun bun.lockb
# THIS IS AN AUTOGENERATED FILE. DO NOT EDIT THIS FILE DIRECTLY.
# yarn lockfile v1
# bun ./bun.lockb --hash: EDD1E6B0757076A7-37ba9f6f51964797-4CCE29D0D449F8C1-
d759577232df2bf9


"@aashutoshrathi/word-wrap@^1.2.3":
  version "1.2.6"
  resolved "https://registry.npmjs.org/@aashutoshrathi/word-wrap/-/word-wrap-
1.2.6.tgz"
  integrity sha512-1Yjs2SvM8TflER/OD3cOjhWWOZb58A2t7wpE2S9XfBYTiIl+XFhQG2bjy4Pu1I
+EAlCNUzRDYDdFwFYUKvXcIA==

"@ampproject/remapping@^2.2.0":
  version "2.2.1"
  resolved "https://registry.npmjs.org/@ampproject/remapping/-/remapping-
2.2.1.tgz"
  integrity sha512-lFMjJTrFL3j7L9yBxwYfCq2k6qqwHyzuUl/XBnif78PWTJYyL/dfowQHWE3sp6
U6ZzqWiiIZnpTMO96zhkjwtg==
  dependencies:
    "@jridgewell/gen-mapping" "^0.3.0"
    "@jridgewell/trace-mapping" "^0.3.9"

"@babel/code-frame@^7.22.13", "@babel/code-frame@^7.23.5":
  version "7.23.5"
  resolved "https://registry.npmjs.org/@babel/code-frame/-/code-frame-7.23.5.tgz"
  integrity sha512-CgH3s1a96LipHCmSUmYFPwY7MNx8C3avkq7i4Wl3cfa662ldtUe4VM1TPXX70p
fmrlWTb6jLqTYrZyT2ZTJBgA==
  dependencies:
    "@babel/highlight" "^7.23.4"
    chalk "^2.4.2"

"@babel/compat-data@^7.22.9":
  version "7.23.5"
  resolved "https://registry.npmjs.org/@babel/compat-data/-/compat-data-
7.23.5.tgz"
  integrity sha512-uU27kfDRlhfKl+w1U6vp16IuvSLtjAxdArVXPa9BvLkrr7CYIsxH5adpHObeAG
Y/41+syctUWOZ140a2Rvkgjw==

"@babel/core@^7.0.0", "@babel/core@^7.0.0-0", "@babel/core@^7.23.5":
  version "7.23.5"
  resolved "https://registry.npmjs.org/@babel/core/-/core-7.23.5.tgz"
  integrity sha512-Cwc2XjUrG4ilcfOw4wBAK+enbdgwAcAJCfGUItPBKR7Mjw4aEfAFYrLxeRp4jW
gtNIKn3n2AlBOfwwafl+42/g==
```

```
dependencies:
  "@ampproject/remapping" "^2.2.0"
  "@babel/code-frame" "^7.23.5"
  "@babel/generator" "^7.23.5"
  "@babel/helper-compilation-targets" "^7.22.15"
  "@babel/helper-module-transforms" "^7.23.3"
  "@babel/helpers" "^7.23.5"
  "@babel/parser" "^7.23.5"
  "@babel/template" "^7.22.15"
(... 생략 ...)
```

4.9 패키지 생명주기

패키지는 생명주기(lifecycle) 스크립트와 함께 npm 저장소에 발행될 수 있으며, 이러한 스크립트를 보통 셸(shell) 명령어의 형태로 `package.json`의 `preinstall`, `postinstall`, `preuninstall`, `prepublishOnly` 등과 같은 항목에 정의됩니다.

생명주기 스크립트는 원래 패키지가 정상적으로 작동하기 위해서 부수적으로 필요한 셸 명령어를 실행하기 위해서 사용되도록 고안이 되었지만, 패키지를 설치하는 컴퓨터에 악의적인 셸 명령어를 실행하기 위해서 악용될 수 있다는 위험성이 도사리고 있습니다.

이러한 보안 위협으로부터 프로젝트를 보호하기 위해서 Bun은 기본적으로 설치된 패키지의 생명주기 스크립트를 실행하지 않습니다. 만약에 어떤 패키지의 생명주기 스크립트를 실행하고 싶다면 package.json 파일의 `trustedDependencies` 목록에 해당 패키지 이름을 명시해줘야 합니다.

최소한의 편의를 위해 널리 알려진 안전한 패키지는 `trustedDependencies` 목록에 번거롭게 명시하지 않더라도 Bun이 생명주기 스크립트를 실행해줍니다. Bun이 승인하는 안전한 패키지 목록은 아래 텍스트 파일에서 관리되고 있습니다.

- https://github.com/oven-sh/bun/blob/main/src/install/default-trusted-dependencies.txt

`package.json` 파일에는 프로젝트가 의존하고 있는 모든 패키지 이름과 버전이 나열되어 있습니다. 그런데 왜 추가적으로 `bun.lockb`와 같은 패키지 잠금 파일이 또 필요할까요?

사실 Bun뿐만 아니라 우리가 사용하는 대부분의 패키지 매니저는 패키지 잠금 기능을 지원합니다. npm은 `package-lock.json` 파일을, Yarn은 `yarn.lock` 파일을, pnpm은 `pnpm-lock.yaml` 파일을, Bun은 `bun.lockb`를 패키지 잠금 파일로 사용합니다. 즉, 패키지 잠금 파일은 자신이 개발을 하는 프로젝트에서 어떤 패키지 매니저를 사용하느냐에 따라 달라지게 됩니다.

`^`이나 `~` 등을 이용해서 범위로 버전을 지정할 수 있는 `package.json` 파일과 달리, 패키지 잠금 파일에는 각 패키지가 최초 설치될 당시에 정확히 어떤 버전이었는지가 기록됩니다. 그뿐 아니라 우리가 직접 설치하지는 않았지만 설치한 패키지들이 연쇄적으로 의존함으로써 간접적으로 설치가 된 수많은 다른 패키지(transitive dependency)들의 정확한 버전도 기록이 됩니다. 따라서 프로젝트의 패키지를 일괄 설치할 때, 설치 시점에 따라 패키지 버전이 달라지는 문제를 예방할 수 있습니다. 다시 말해서, 패키지 잠금 파일은 개발자의 노트북에서 설치하든, CI 서버에서 설치하든, 상용 서버에서 설치하든 항상 동일한 버전의 패키지가 설치되는 것을 보장해줍니다.

설치 시점에 따라 상이한 버전의 패키지가 설치되면 개발자 경험뿐만 아니라 보안 측면에서도 잠재적인 위험 요소가 될 수 있습니다. 만약에 라이브러리 관리자가 나쁜 의도를 갖고 신규 버전에 악성 코드를 심거나 악의적인 기능을 추가하여 npm 저장소에 발행한다면 어떻게 될까요? 해당 라이브러리의 패키지 버전이 `^`이나 `~`를 이용하여 범위로 명시된 프로젝트에서는 해당 버전이 자동으로 설치될 것입니다.

이렇게 npm 저장소와 같은 소프트웨어 패키지나 라이브러리의 공급망을 통해서 공격하는 것을 공급망 공격(supply chain attack)이라고 하며, 널리 빠르게 확산될 수 있어서 파급력이 큰 보안 문제를 초래할 수 있습니다. 따라서 패키지 잠금 파일을 코드 저장소에 올려두고 잘 관리하는 것이 매우 중요합니다.

제 블로그에서 패키지 잠금과 관련해서 자세히 다루고 있으니 더 배우고 싶은 분들은 아래 포스팅을 참고하세요.

- https://www.daleseo.com/js-package-locks/

CHAPTER

5

Bun으로 모듈 불러오기

https://x.com/bunjavascript/status/1754024415191560598

자바스크립트로 개발하다 보면 require나 import 키워드를 통해 외부 라이브러리를 불러오는 코드를 자주 보게 됩니다. require는 Node.js에서 예전부터 사용되고 있는 CJS(CommonJS) 모듈 시스템의 키워드이고, import는 ES6(ES2015)에서 새롭게 표준으로 도입된 ESM(ECMAScript Modules) 모듈 시스템의 키워드입니다. 두 개의 키워드 모두 하나의 파일에서 다른 자바스크립트 파일이나 npm 패키지의 코드를 불러온다는 동일한 목적을 가지고 있지만, 비슷한 듯 아닌 듯 약간씩 다른 문법 때문에 개발자들을 혼란스럽게 하기도 하죠.

```
const express = require("express");
const app = express();
```

```
import express from "express";
const app = express();
```

예를 들어 위 두 코드는 익스프레스 라이브러리를 불러와서 서버 객체를 생성하는 동일한 작업을 수행하고 있습니다. CJS 방식을 따른 첫 번째 코드는 루비 언어처럼 `require` 키워드를 사용하여 여타 다른 변수를 할당하듯이 모듈을 불러오는 반면에, ESM 방식을 따른 두 번째 코드는 자바나 파이썬 언어처럼 `import` 키워드를 사용하여 좀 더 명시적으로 모듈을 불러오고 있습니다.

이러한 차이 때문에 자바스크립트 프로젝트에서 모듈을 불러오는 것은 언제나 골칫거리였습니다. 새로운 ESM 프로젝트에서 오래된 CJS 방식으로 작성된 모듈을 불러오려고 하면 오류가 나기 일쑤였습니다. 그뿐만 아니라, 모듈 작성자 입장에서도 CJS 프로젝트와 ESM 프로젝트에 모두 불러올 수 있도록 하려면 복잡한 빌드 과정이 필요했습니다.

다행히도 Bun을 사용하면 이 두 가지 문법 중 어떤 것을 사용해도 아무런 문제도 없이 모듈을 불러올 수 있습니다. 하나의 프로젝트에서 일부로 두 가지 문법을 혼용해서 쓸 일을 없겠지만, 사용하려는 모듈이 CJS 방식으로 작성되었든 ESM 방식으로 작성되었든 구애받지 않고 불러올 수 있는 자유를 누릴 수 있게 되었습니다.

5.1 CJS 모듈 내보내기

간단한 테스트를 위해서 CJS 문법을 이용해서 예전 방식으로 자바스크립트 모듈을 작성해보겠습니다. `hi.cjs` 파일을 생성하고, 그 안에 하나의 변수와 함수를 선언합니다.

그리고 `module.exports` 객체를 통해서 내보내겠습니다.

```
hi.cjs
const name = "CJS";

function hi(name) {
  console.log(`Hi, ${name}!`);
}

module.exports = {
  name,
  hi,
};
```

5.2 ESM 모듈 내보내기

이번에는 ESM 문법을 이용해서 최근 방식으로 자바스크립트 모듈을 작성해보겠습니다. `hi.mjs` 파일을 생성하고, 똑같은 변수와 함수를 선언하되, `export` 키워드를 통해서 내보냅니다.

```
hi.mjs
export const name = "ESM";

export function hi(name) {
  console.log(`Hi, ${name}!`);
}
```

5.3 CJS 모듈 불러오기

먼저 CJS 방식으로 작성한 모듈을 불러와보겠습니다. `index.js` 파일을 생성하고 `require` 키워드를 사용하여 `hi.cjs` 파일에서 내보내는 `name` 변수와 `hi()` 함수를 불러옵니다. 그리고 `name` 변수를 인수로 `hi()` 함수를 호출합니다.

```
index.js
const { hi, name } = require("./hi.cjs");

hi(name);
```

Bun으로 `index.js` 파일을 실행해보면 예상했던 것과 같이 잘 실행되는 것을 볼 수 있습니다.

```
$ bun run index.js
Hi, CJS!
```

이번에는 CJS 모듈을 마치 ESM 모듈을 불러오듯이 `import` 키워드를 사용하여 불러올까요?

```
index.js
import { hi, name } from "./hi.cjs";

hi(name);
```

놀랍게도 Bun으로 `index.js` 파일을 실행해보면 여전히 잘 실행되는 것을 볼 수 있습니다.

```
$ bun run index.js
Hi, CJS!
```

더 놀라운 부분은 파일을 불러올 때 확장자를 명시하지 않고, `require` 키워드로 모듈을 불러오면, 똑똑하게 알아서 CJS 모듈로 작성된 `hi.cjs` 파일을 선택해준다는 것입니다.

```
index.js

const { hi, name } = require("./hi");

hi(name);
```

```
$ bun run index.js
Hi, CJS!
```

5.4 ESM 모듈 불러오기

다음으로 ESM 방식으로 작성한 모듈을 불러와보겠습니다. `index.js` 파일을 열고
`import` 키워드를 사용하여 `hi.mjs` 파일에서 내보내는 `name` 변수와 `hi()` 함수를 불러
옵니다. 그리고 `name` 변수를 인수로 `hi()` 함수를 호출합니다.

```
index.js

import { hi, name } from "./hi.mjs";

hi(name);
```

Bun으로 `index.js` 파일을 실행해보면 예상했던 것과 같이 잘 실행되는 것을 볼 수 있
습니다.

```
$ bun run index.js
Hi, ESM!
```

이번에는 ESM 모듈을 마치 CJS 모듈을 불러오듯이 `require` 키워드를 사용하여 불러
와볼까요?

```
index.js
const { hi, name } = require("./hi.mjs");

hi(name);
```

놀랍게도 Bun으로 `index.js` 파일을 실행해보면 여전히 잘 실행되는 것을 볼 수 있습니다.

```
$ bun run index.js
Hi, ESM!
```

이번에도, 파일을 불러올 때 확장자를 명시하지 않고 `import` 키워드로 모듈을 불러오면, 똑똑하게 알아서 ESM 모듈로 작성된 `hi.mjs` 파일을 선택해줍니다.

```
index.js
import { hi, name } from "./hi";

hi(name);
```

```
$ bun run index.js
Hi, ESM!
```

현재 자바스크립트 생태계에서는 수년에 걸쳐 상당히 고통스러운 모듈 시스템의 전환 작업이 일어나고 있습니다.

예전에는 모듈을 내보내거나 불러오기 위해서 Node.js를 중심으로 CJS를 많이 사용했습니다. 최근에는 ES6(ES2015)에서 ESM이라는 새로운 모듈 시스템이 표준으로 채택되면서, 신규 프로젝트에서는 ESM을 사용하는 것을 권장하는 분위기입니다. 하지만 npm 패키지 저장소에는 10년을 훌쩍 넘는 기간 동안 CommonJS을 사용한 패키지들이 축적되어왔고, 그중 많은 오픈 소스 패키지는 더 이상 업데이트가 되지 않아서 ESM으로 언제 전환될지 알 수 없습니다.

그러므로 아직까지도 모듈을 내보내거나 불러올 때 CommonJS를 완전히 배제할 수 없는 상황입니다. ESM 프로젝트에서 CJS 모듈을 불러오거나, 반대로 CJS 프로젝트에서 ESM 모듈을 불러올 때 갖가지 해결하기 까다로운 문제들이 발생할 수 있죠. 하지만 Bun은 이렇게 골치 아플 수 있는 CJS와 ESM 간의 모듈 시스템 호환 문제를 런타임 수준에서 깔끔하게 해결해줍니다.

자바스크립트의 모듈 시스템을 양분하고 있고 있는 CJS와 ESM에 대해서 더 공부하고 싶은 분들에게는 제 블로그의 아래 포스팅을 추천합니다.

- **자바스크립트 CommonJS 모듈 내보내기/불러오기(require):** https://www.daleseo.com/js-module-require/
- **자바스크립트 ES 모듈 내보내기/불러오기:** https://www.daleseo.com/js-module-import/
- **Node.js에서 ES 모듈(import/export) 사용하기:** https://www.daleseo.com/js-node-es-modules/

II

Bun으로 무엇을 개발할까?

Bun으로는 정말 다양한 종류의 애플리케이션을 개발할 수 있습니다. 터미널에서 작동하는 간단한 CLI 도구부터 시작해서, 전통적인 요청-응답 기반의 HTTP 서버, 실시간 양방향 통신을 위한 웹소켓 서버까지 개발할 수 있습니다. 그뿐만 아니라, Bun은 파일 입출력을 위한 아주 직관적인 API를 제공하며, 심지어 데이터베이스까지 탑재하고 있습니다.

2부에서는 다양한 예제를 통해 Bun으로 어떤 애플리케이션을 개발할 수 있는지 알아보겠습니다. 6장에서는 CLI 도구를 개발합니다. 7장과 8장에서는 각각 HTTP 서버와 웹소켓 서버를 개발합니다. 9장에서는 파일 입출력 방법을 알아보고, 10장에서는 내장 데이터베이스를 어떻게 사용하는지 배웁니다.

6

Bun으로 CLI 도구 개발하기

https://x.com/youyuxi/status/1786521275462213750

명령줄 인터페이스(command-line interface, CLI)란 터미널에서 구동되는 `git`이나 `docker`와 같은 프로그램을 말합니다. 그래픽 사용자 인터페이스(graphical user interface, GUI)보다 사용하기는 불편하지만, 대신 용량이 적고 가볍게 실행할 수 있어서, 원격 서버에 접속해서 작업을 해야 하거나, 자동화 스크립트를 작성할 때 유용하게 쓰입니다.

이번 장에서는 Bun으로 얼마나 쉽게 명령줄 인터페이스 도구를 개발할 수 있는지 알아보겠습니다.

6.1 명령줄 인수 읽기

터미널에서 bun 또는 bun run 명령어로 프로그램을 실행할 때 넘기는 인수는 Bun.argv 전역 속성을 통해서 읽을 수 있습니다.

우선 Bun.argv를 한번 출력해볼까요? 새로운 프로젝트를 생성하고, index.ts 파일에 다음 코드를 작성합니다.

```
index.ts
console.log("Bun.argv:", Bun.argv);
```

bun run 명령어로 index.ts 파일을 실행해보면 두 개의 원소가 들어 있는 배열이 출력됩니다. 첫 번째 원소는 bun 명령어가 설치된 경로이고, 두 번째 원소는 실행된 프로그램의 경로입니다.

```
$ bun run index.ts
Bun.argv: [ "/Users/daleseo/.bun/bin/bun", "/Users/daleseo/Temp/bun-cli/index.ts" ]
```

이번에는 파일 이름 뒤에 여러 종류의 인수를 한번 넘겨볼까요?

```
$ bun run index.ts arg1 arg2 -o --option
Bun.argv: [ "/Users/daleseo/.bun/bin/bun", "/Users/daleseo/Temp/bun-cli/index.
ts", "arg1",
  "arg2", "-o", "--option" ]
```

넘긴 인수가 Bun.argv 배열에 추가되어 있는 것을 볼 수 있습니다.

자바스크립트의 slice() 함수를 사용하여 첫 번째 두 개의 원소를 제외하고 출력할 수 있습니다.

```
console.log("Bun.argv.slice(2):", Bun.argv.slice(2));
```

다시 실행해보면 이제 인수로 넘긴 값들만 나옵니다.

```
$ bun run index.ts arg1 arg2 -o --option
Bun.argv.slice(2): [ "arg1", "arg2", "-o", "--option" ]
```

참고로 Bun.argv는 Node.js의 process.argv와 동일한 역할을 한다고 보면 됩니다.

6.2 명령줄에서 입력받기

명령줄 프로그램에서 사용자로부터 입력을 받기 위해서 Bun은 alert(), confirm(), prompt()와 같은 웹 표준 API를 제공하고 있습니다. 기존에 다른 자바스크립트 런타임에서는 볼 수 없었던 매우 참신한 접근인데, 브라우저 환경에서 alert(), confirm(), prompt()와 같은 API을 통해 사용자의 입력을 받을 수 있는 것처럼, 터미널 환경에서도 동일한 API를 통해 사용자의 입력을 받을 수 있습니다.

alert() 함수를 통해서는 사용자에게 일방적으로 메시지를 보여주고, 엔터 키를 통해서 확인을 받을 수 있습니다.

간단한 실습을 위해서 alert() 함수를 세 번 호출하는 코드를 작성합니다.

```
index.ts

alert("안녕하세요 1");
alert("안녕하세요 2");
alert("안녕하세요 3");
```

그다음, Bun으로 index.ts 파일을 실행하면, 메시지가 순차적으로 터미널에 표시되는데 엔터 키를 눌러야 다음 메시지가 출력됩니다.

```
$ bun run index.ts
안녕하세요 1 [Enter]
안녕하세요 2 [Enter]
```

안녕하세요 3 [Enter]

`confirm()` 함수를 사용하면 사용자로부터 긍정 또는 부정의 응답을 받아서 분기문으로 서로 다른 처리를 할 수가 있습니다.

```ts
index.ts
const fun = confirm("Bun을 배우는 것이 재미있으신가요?");
if (fun) console.log("😁");
else console.log("😫");
```

터미널에 y라고 입력하면 `fun` 변수에 `true`가 할당되고, 터미널에 n이라고 입력하면 `fun` 변수에 `false`가 할당되어 각기 다른 메시지를 출력할 수 있습니다.

```
$ bun run index.ts
Bun을 배우는 것이 재미있으신가요? [y/N] y
😁
$ bun run index.ts
Bun을 배우는 것이 재미있으신가요? [y/N] n
😫
```

`prompt()` 함수를 통해서는 사용자에게 문자열을 입력을 받아서 변수에 저장할 수 있습니다. `prompt()` 함수의 두 번째 인수로는 입력값이 없을 때 사용할 기본값을 명시할 수 있습니다.

```ts
index.ts
const name = prompt("당신의 이름을 입력하세요.", "홍길동");
console.log(`${name} 님, 안녕하세요 👋`);
```

터미널에서 입력한 문자열과 함께 인삿말이 출력되는 것을 볼 수 있습니다.

```
$ bun run index.ts
당신의 이름을 입력하세요. [홍길동] 달레
```

6.3 명령줄 프로그램 만들기

명령줄을 통해 넘어온 인수를 읽고, 사용자의 입력을 받을 수 있다면 명령줄 프로그램을 작성할 수 있습니다.

간단한 실습으로, 숫자를 입력받아 구구단을 출력해주는 명령줄 프로그램을 짜보겠습니다.

alert() 함수로 프로그램의 시작을 알리고, prompt() 함수로 몇 단을 구할지 입력받고, confirm() 함수로 프로그램의 종료 여부를 묻습니다.

```ts
index.ts

alert(">> 구구단 프로그램을 시작합니다.");
while (true) {
  const input = prompt(">> 몇 단을 구할지 입력하세요:");
  if (!input?.trim()) {
    console.log("아무 값도 입력하지 않으셨습니다!");
  } else if (!["2", "3", "4", "5", "6", "7", "8", "9"].includes(input)) {
    console.log("2부터 9까지의 정수만 입력이 가능합니다!");
  } else {
    for (let i = 1; i <= 9; i++) {
      console.log(`${input} * ${i} = ${parseInt(input) * i}`);
    }
  }
  const done = confirm(">> 프로그램을 종료할까요?");
  if (done) break;
}
```

터미널에서 프로그램을 실행해보면, 다음과 같이 입력한 숫자에 대한 구구단이 잘 출력되는 것을 볼 수 있습니다.

```
$ bun run index.ts
>> 구구단 프로그램을 시작합니다. [Enter]
>> 몇 단을 구할지 입력하세요: 10
2부터 9까지의 정수만 입력이 가능합니다!
>> 프로그램을 종료할까요? [y/N] n
>> 몇 단을 구할지 입력하세요: 7
7 * 1 = 7
7 * 2 = 14
7 * 3 = 21
7 * 4 = 28
7 * 5 = 35
7 * 6 = 42
7 * 7 = 49
7 * 8 = 56
7 * 9 = 63
>> 프로그램을 종료할까요? [y/N] y
```

웹 프로그래밍을 해봤다면 브라우저에서 제공하는 `alert()`, `confirm()`, `prompt()` 함수를 한 번쯤은 써봤을 것입니다. 브라우저마다 모양이 약간씩 다르고 UI가 투박한 데다가 CSS로 스타일을 넣는 것이 불가능하기 때문에 상용 제품에는 잘 쓰이지 않지만, 워낙 간편하게 사용할 수 있어서 시제품 개발에는 유용하게 활용할 수 있습니다.

Bun의 `alert()`, `confirm()`, `prompt()`는 이런 웹 브라우저의 API에 영감을 받아서 탄생했는데, 그래서 환경이 터미널이라도 브라우저에서와 사용 방법이 거의 똑같습니다. CLI 개발만을 위해서 새로운 API를 배울 필요가 없으므로 웹 개발자에게는 너무 좋은 사용자 경험이 아닐 수 없습니다.

제 블로그에서 브라우저에서 `alert()`, `confirm()`, `prompt()` 함수를 사용하는 방법에 대해서 자세히 다루고 있으니 공부하고 싶은 분들은 아래 포스팅을 참고해주세요.

- https://daleseo.com/js-alert-confirm-prompt/

CHAPTER 7

Bun으로 HTTP 서버 개발하기

https://x.com/bunjavascript/status/1764859608743714842

실무에서 가장 많이 이루어지는 백엔드 개발은 뭐니 뭐니 해도 **HTTP 서버**(HTTP server) 개발일 것입니다. Bun은 비교적 간단한 문법으로 HTTP 서버를 개발할 수 있도록 API 를 지원하는데, 이 API는 브라우저에서도 사용되는 웹 표준 API이기 때문에 한번 익혀 두면 서버 측과 클라이언트 측에서 같은 API를 사용할 수가 있다는 큰 장점이 있습니 다. Node.js와 같은 전통적인 런타임을 쓸 때는 자체 API를 따로 익혀야 한다는 점과 대조적인 부분입니다.

이번 장에서는 Bun으로 HTTP 서버를 개발해보겠습니다. 터미널상에서의 간단한 테스트를 위해서 `curl` 명령어를 사용하도록 하겠습니다.

7.1 기본 요청 처리

Bun으로 HTTP 서버를 개발하기 위해서는 `Bun.serve()` 전역 함수를 사용합니다.

새로운 프로젝트를 생성하고, `index.ts` 파일에 다음과 같은 코드를 작성합니다. 요청이 들어오면 헬로, Bun!이라는 응답을 하는 단순한 HTTP 서버입니다.

```
index.ts
Bun.serve({
  fetch() {
    return new Response("헬로, Bun!");
  },
});
```

그다음, 터미널에서 index.ts 파일을 실행하면 HTTP 서버가 구동될 것입니다.

```
$ bun run index.ts
```

새로운 터미널 창에서 `curl` 명령어를 사용하여 HTTP 서버를 호출해봅니다.

```
$ curl http://localhost:3000
헬로, Bun!
```

index.ts 파일을 변경할 때마다 서버를 재구동하려면 번거롭기 때문에 감시(watch) 모드로 띄워놓는 것을 추천합니다. `--watch` 옵션을 줘서 Bun을 감시 모드로 실행하면 재구동하지 않아도 자동으로 변경된 코드가 즉시 반영될 것입니다.

```
$ bun --watch run index.ts
```

7.2 JSON 통신

클라이언트와 서버가 HTTP 통신할 때, JSON 형태로 복잡한 데이터를 주고받는 경우가 많습니다. JSON 형태의 요청 데이터를 읽을 때는 요청 객체의 `json()` 함수를 사용하고, JSON 형태의 응답 데이터를 쓸 때는 `Response` 클래스의 `json()` 함수를 사용합니다.

```ts
index.ts
Bun.serve({
  async fetch(req) {
    const data = await req.json();
    return Response.json({ name: data.name, message: "안녕하세요!" });
  },
});
```

`curl` 명령어로 HTTP 서버를 호출할 때는 `-d` 옵션으로 JSON 형태의 데이터를 설정해주고 `-H` 옵션으로 `Content-Type` 헤더를 설정해줘야 합니다.

```
$ curl http://localhost:3000 -d '{ "name": "Bun" }' -H 'Content-Type:
application/json;charset=utf-8'
{"name":"Bun","message":"안녕하세요!"}%
```

7.3 요청 데이터 읽기

`fetch()` 함수에는 요청 객체가 인수로 넘어오며, 이 요청 객체에서 여러 가지 정보를 추출할 수 있습니다.

요청 바디(body)에 설정된 문자열을 읽고 싶다면, 요청 객체의 `text()` 함수를 사용하면 됩니다. 이 함수는 비동기 함수이므로 `await` 키워드와 함께 호출해야 하며, `fetch()` 함수 앞에는 `async` 키워드를 붙여줘야 합니다.

```
index.ts
Bun.serve({
  async fetch(req) {
    const name = await req.text();
    return new Response(`${name} 님, 안녕하세요!`);
  },
});
```

curl 명령어를 실행할 때 -d 옵션을 통해서 문자열을 명시해보겠습니다. 해당 문자열이 fetch() 함수 내에서 처리되어 응답 메시지에 포함되는 것을 볼 수 있습니다.

```
$ curl http://localhost:3000 -d "달레"
달레 님, 안녕하세요!
```

7.4 쿼리 문자열 접근

클라이언트에서 GET 방식으로 HTTP 서버를 호출할 때 URL의 ? 기호 뒷부분에 & 기호로 구분하여 데이터를 보내는 경우가 많습니다. 이것을 보통 **쿼리 문자열**(query string) 또는 **검색 파라미터**(search parameter)라고 하죠. 요청 객체의 url 속성에는 URL 문자열이 들어 있으며, 웹 표준 API인 URL API를 사용하면 search 속성을 통해서 손쉽게 이 쿼리 문자열로 추출할 수 있습니다.

```
index.ts
Bun.serve({
  fetch(req) {
    const url = new URL(req.url);
    return new Response(url.search);
  },
});
```

-G 또는 --get 옵션과 함께 curl 명령어를 실행하면, -d 옵션으로 설정한 키와 값의 쌍을 쿼리 스트링으로 HTTP 서버에 전송할 수 있습니다.

```
$ curl -G http://localhost:3000 -d 'key1=value1' -d 'key2=value2'
?key1=value1&key2=value2
```

7.5 양식 데이터 접근

클라이언트에서 **양식**(form) 데이터를 전송할 경우, 요청 객체의 `formData()` 함수를 통해서 전송된 데이터를 읽어올 수 있습니다.

```ts
index.ts

Bun.serve({
  async fetch(req) {
    const data = await req.formData();
    return new Response(`key1: ${data.get("key1")}, key2: ${data.get("key2")}`);
  },
});
```

`curl` 명령어를 실행할 때, `-H` 옵션으로 `Content-Type` 헤더를 `application/x-www-form-urlencoded`로 설정해줘야 합니다.

```
$ curl http://localhost:3000 -d 'key1=value1' -d 'key2=value2' -H 'Content-Type:
application/x-www-form-urlencoded'
key1: value1, key2: value2
```

7.6 HTTP 상태 코드

`fetch()` 함수에서 응답 객체를 반환할 때, HTTP 상태 코드를 설정해줄 수 있습니다.

예를 들어 201 상태 코드를 응답하고 싶다면, `Response()` 생성자의 두 번째 인수로 `status`를 201로 지정해주면 됩니다.

```
index.ts
Bun.serve({
  fetch() {
    return new Response("생성되었습니다.", { status: 201 });
  },
});
```

상태 코드까지 확인을 하기 위해서 `curl` 명령어를 `-i` 옵션을 줘서 실행해야 합니다. 201 상태 코드가 응답되는 것이 확인됩니다.

```
$ curl -i http://localhost:3000
HTTP/1.1 201 Created
content-type: text/plain;charset=utf-8
Date: Sat, 09 Dec 2023 01:32:52 GMT
Content-Length: 22

생성되었습니다.
```

7.7 HTTP 헤더 설정

HTTP 통신에서 클라이언트와 서버 간에 메타 데이터는 주로 HTTP 헤더를 통해서 이루어집니다. 요청 헤더는 요청 객체의 `headers` 속성을 통해서 읽을 수 있고, 응답 헤더는 `Response()` 생성자나 `Response.json()` 함수의 두 번째 인수의 `headers` 속성을 통해서 쓸 수 있습니다.

예를 들어서, 요청 객체로부터 Host 헤더와 User-agent 헤더를 읽고, 응답 객체에 xxx 헤더의 값을 yyy로 써보겠습니다.

```
index.ts
Bun.serve({
  fetch(req) {
    const host = req.headers.get("Host");
    const userAgent = req.headers.get("User-agent");
```

```
    return Response.json({ host, userAgent }, { headers: { xxx: "yyy" } });
  },
});
```

HTTP 서버를 호출해보면 응답 헤더에 xxx: yyy가 들어 있는 것을 볼 수 있습니다.

```
$ curl http://localhost:3000 -i
HTTP/1.1 200 OK
Content-Type: application/json;charset=utf-8
xxx: yyy
Date: Sun, 10 Dec 2023 07:15:42 GMT
Content-Length: 50

{"host":"localhost:3000","userAgent":"curl/8.1.2"}
```

7.8 라우팅

실제 HTTP 서버는 여러 경로로 들어온 요청을 처리하게 됩니다. 따라서 **라우팅** (routing)은 필수로 구현해야 하는 기능입니다.

요청 객체의 url 속성을 URL 생성자에 넘겨서 URL 객체를 생성한 후, pathname 속성을 통해서 경로명만 추출할 수 있습니다. 추출한 경로명에 따라서 분기문을 통해 다른 응답 객체를 반환할 수 있습니다.

```
index.ts
Bun.serve({
  fetch(req) {
    const { pathname } = new URL(req.url);
    if (pathname === "/") return new Response("홈페이지");
    if (pathname === "/about") return new Response("마이 페이지");
    return new Response("페이지를 찾을 수 없습니다.", { status: 404 });
  },
});
```

HTTP 서버에서 처리할 수 있는 URL로 요청을 보내면 예상했던 문자열이 응답으로 돌아옵니다.

```
$ curl -i http://localhost:3000/
HTTP/1.1 200 OK
content-type: text/plain;charset=utf-8
Date: Sat, 09 Dec 2023 23:01:23 GMT
Content-Length: 12

홈페이지%
$ curl -i http://localhost:3000/about
HTTP/1.1 200 OK
content-type: text/plain;charset=utf-8
Date: Sat, 09 Dec 2023 23:01:28 GMT
Content-Length: 16

마이 페이지%
```

하지만 HTTP 서버에서 처리할 수 없는 URL로 요청을 보내면 404 상태 코드가 응답으로 돌아옵니다.

```
$ curl -i http://localhost:3000/blog
HTTP/1.1 404 Not Found
content-type: text/plain;charset=utf-8
Date: Sat, 09 Dec 2023 23:01:31 GMT
Content-Length: 37

페이지를 찾을 수 없습니다.%
```

7.9 예외 처리

요청을 처리하는 도중에 `fetch()` 함수에서 예외가 발생하면, Bun은 `development` 설정에 따라 기본적인 예외 처리를 해줍니다. `development` 옵션이 `true`로 설정이 되어 있으면, 스택 트레이스(stack trace)를 포함한 상세한 예외 정보를 웹페이지 형식으로 제공하고, `development` 옵션이 `false`로 설정되어 있으면, 500 상태 코드와 함께 Something went wrong!이라는 문자열을 응답합니다.

```ts
// index.ts
Bun.serve({
  development: false,
  fetch() {
    throw new Error("문제 발생");
  },
});
```

```
$ curl -i http://localhost:3000
HTTP/1.1 500 Internal Server Error
content-type: text/plain
Date: Sat, 09 Dec 2023 23:39:16 GMT
Content-Length: 21

Something went wrong!%
```

하지만 HTTP 서버 프로젝트에서는 대부분 예외를 직접 처리하기를 원합니다. 예외가 발생했을 때 어떻게 처리하는지는 `Bun.serve()` 함수에 넘기는 인수 객체의 `error()` 함수의 속성을 통해서 명시할 수 있습니다. `error()` 함수에는 발생한 오류 객체가 인수로 넘어오기 때문에, 오류 객체로부터 특정 정보를 추출할 수도 있습니다.

예를 들어 오류가 발생하면, 500 상태 코드와 함께 오류 메시지 문자열이 응답되도록 예외 처리를 구현해보겠습니다.

```ts
// index.ts
Bun.serve({
  fetch() {
    throw new Error("문제 발생");
  },
  error(error) {
    return new Response(error.message, { status: 500 });
  },
});
```

터미널에서 HTTP 서버를 호출해보면 예상했던 것과 같이 응답이 오는 것을 볼 수 있습니다.

```
$ curl -i http://localhost:3000
HTTP/1.1 500 Internal Server Error
content-type: text/plain;charset=utf-8
Date: Sat, 09 Dec 2023 23:20:40 GMT
Content-Length: 13

문제 발생%
```

7.10 서버 설정

`Bun.serve()` 함수는 다양한 옵션을 인수로 받아 HTTP 설정을 손쉽게 할 수 있도록 합니다. 예를 들어 `port` 옵션을 통해서 기본 포트인 3000이 아닌 다른 포트로 요청을 받을 수 있습니다.

```
index.ts

Bun.serve({
  port: 4321,
  fetch() {
    return new Response("헬로, Bun!");
  },
});
```

4321 포트를 통해서 HTTP 서버를 호출해보면 응답이 오는 것을 볼 수 있습니다.

```
$ curl http://localhost:4321
헬로, Bun!%
```

이 밖에도, `hostname` 옵션을 통해서 도메인 이름을 설정할 수 있으며, `tls` 옵션을 통해서 SSL 인증서 관련 설정을 할 수 있습니다.

7.11 프레임워크 사용

좀 더 복잡한 HTTP 서버를 개발할 때는 프레임워크를 사용하는 것을 고려하게 됩니다. Bun은 Node.js의 API와 호환되기 때문에 Node.js에서 많이 사용되는 익스프레스나 NestJS를 쓸 수 있습니다. 그뿐만 아니라, Elysia처럼 처음부터 Bun을 사용하도록 설계된 차세대 프레임워크를 사용할 수도 있습니다.

우선 `Bun.serve()` 전역 함수를 사용해서 작성한 HTTP 서버를 Express로 다시 구현해보겠습니다.

npm 패키지 저장소에서 `express` 패키지를 다운로드하여 설치합니다.

```
$ bun add express
bun add v1.1.29 (6d43b366)

installed express@4.21.0

65 packages installed [306.00ms]
```

타입스크립트 프로젝트에서는 `@types/express` 패키지도 개발 의존성으로 설치해줘야 타입 오류가 발생하지 않을 것입니다.

```
$ bun add -d @types/express
bun add v1.1.29 (6d43b366)

installed @types/express@4.17.21

12 packages installed [310.00ms]
```

서버 코드를 다음과 같이 수정합니다.

```
index.ts

import express from "express";
```

```
const app = express();
app.get("/", (req, res) => res.send("헬로, Bun!"));
app.listen(3000);
```

터미널에서 `curl` 명령어로 HTTP 서버를 테스트해봅니다.

```
$ curl http://localhost:3000
헬로, Bun!%
```

이번에는 Elysia를 사용해서 동일한 HTTP 서버를 구현해보겠습니다.

Bun으로 `elysia` 패키지를 설치합니다.

```
$ bun add elysia
bun add v1.1.29 (6d43b366)

 installed elysia@1.1.16

 9 packages installed [2.16s]
```

서버 코드를 다음과 같이 수정합니다.

`index.ts`
```
import { Elysia } from "elysia";

new Elysia().get("/", () => "헬로, Bun!").listen(3000);
```

터미널에서 `curl` 명령어로 HTTP 서버를 테스트해봅니다.

```
$ curl http://localhost:3000
헬로, Bun!%
```

14장에서 Elysia를 사용하여 REST API를 개발하는 실전 프로젝트를 진행하니, Elysia 에 대해서 좀 더 배울 수 있을 것입니다.

쉬어 가는 페이지 터미널 기반 HTTP 클라이언트 curl 명령어

1998년에 만들어진 `curl` 커맨드는 Postman(https://www.postman.com/)이나 Insomnia(https://insomnia.rest/)와 같이 다양한 기능과 화려한 UI를 제공하는 GUI 기반 HTTP 클라이언트가 계속해서 출시되는 와중에도 아직까지 꾸준히 사랑받고 있는 CLI 도구입니다.

`curl` 커맨드는 리눅스나 macOS에 대부분의 경우 기본으로 탑재되어 있으며, 몇 가지 주요 옵션만 숙지하면 매우 간편하게 사용할 수 있습니다. 특히, 어떤 서버에 SSH를 통해서 원격 접속을 했을 때, 별도의 HTTP 클라이언트를 설치하기는 귀찮고, 빠르게 간단한 HTTP 호출을 해보고 싶을 때 매우 유용합니다.

제 블로그에서 `curl` 커맨드를 통해서 웹 페이지나 API 데이터를 요청하고 받을 수 있는 기본적인 방법에 대해서는 자세히 다루고 있으니 아래 포스팅을 참고 바랍니다.

- https://www.daleseo.com/curl/

CHAPTER 8

Bun으로 웹소켓 서버 개발하기

https://x.com/JeffreyThor_/status/1781452274570551297

요즘에 웹을 보면 예전에는 상상하지도 못했던 방식으로 여러 사용자와 실시간으로 양
방향 상호작용을 하는 애플리케이션을 볼 수 있습니다. 대표적인 예로 다수의 참여자가
동시에 메시지를 주고받는 채팅이나 게이머 간의 실시간 동기화가 필요한 온라인 게임
을 들 수 있습니다. 게다가 최근에는 ChatGPT와 같은 LLM(large language model)이 등
장하면서 AI 기반 채팅 기능을 제공하는 서비스들도 점점 늘고 있는 것 같습니다.

전통적인 웹사이트를 위해서 만들어진 통신 모델인 HTTP 프로토콜만으로는 실시간 양방향 통신을 필요로 하는 애플리케이션을 구현하기가 어렵습니다. 이러한 한계를 극복하기 위해서 **웹소켓**(WebSocket) 프로토콜이 등장했습니다. Bun은 아무런 라이브러리 없이도 실시간 통신을 하는 애플리케이션을 구현할 수 있도록 웹소켓을 런타임 수준에서 제공하고 있습니다.

8.1 핸드셰이크

웹소켓은 HTTP와 완전히 별개의 프로토콜이 아니라 HTTP 위에서 작동하는 일종의 HTTP가 진화된 프로토콜이라고 볼 수 있습니다. 클라이언트와 서버가 웹소켓 프로토콜로 통신을 하려면 우선 HTTP를 통해서 소위 **핸드셰이크**(handshake)라는 과정을 거쳐야 합니다.

HTTP 서버를 개발할 때, `Bun.serve()` 함수를 통해서 클라이언트에서 보내는 요청을 처리했던 것처럼, 핸드셰이크를 위해서 `fetch(req, server)` 함수 내에서 `server.upgrade(req)`를 호출해야 합니다.

새로운 프로젝트를 생성하고, `index.ts` 파일에 다음과 같은 서버 코드를 작성합니다. /chat 경로로 요청이 들어오면 웹소켓 연결을 맺고, 그 외의 경로로 요청이 들어오면 헬로, Bun! 문자열을 응답을 하는 단순한 HTTP 서버입니다.

```ts
index.ts

Bun.serve({
  fetch(req, server) {
    const { pathname } = new URL(req.url);
    if (pathname == "/chat") {
      if (server.upgrade(req)) {
        return;
      }
      return new Response("Upgrade failed", { status: 500 });
    }
    return new Response("헬로, Bun!");
```

```
  },
  websocket: { /* 생략 */ }
});
```

이렇게 해주면 클라이언트에서 서버로 핸드셰이크를 시도할 때, `101 Switching Protocols` 응답을 해주게 됩니다. 그러면 비로소 클라이언트와 서버 간에 웹소켓 연결이 맺어집니다.

8.2 서버 측 이벤트 처리

웹소켓 연결이 맺어지면, 클라이언트와 서버는 데이터를 양방향으로 송수신할 수 있게 됩니다. 따라서 서버에서는 다양한 종류의 이벤트를 처리해줘야 합니다.

Bun은 서버 측에서 이러한 이벤트를 간편하게 처리할 수 있도록 직관적인 웹소켓 API를 제공합니다. `Bun.serve()` 함수를 호출할 때 넘기는 인수의 `websocket` 속성을 통해서 이벤트를 처리할 수 있습니다.

웹소켓 연결이 되었을 때는 `open()` 함수를 통해서 서버에서 어떤 처리를 해줘야 하는지 명시할 수 있습니다. 반대로 웹소켓 연결이 끊어졌을 때는 `close()` 함수를 통해서 서버에서 어떤 처리를 해줘야 하는지 명시할 수 있습니다. 가장 중요한 건 데이터를 받았을 때입니다. 이때는 `message()` 함수를 통해서 해당 메시지를 처리해줄 수 있습니다.

간단한 실습을 위해서 각 이벤트를 단순히 서버 콘솔에 출력하는 코드를 `index.ts` 파일에 추가해보겠습니다.

```
index.ts
Bun.serve({
  fetch(req, server) { /* 생략 */ },
  websocket: {
    open(ws) {
      console.log("연결되었습니다!");
    },
```

```
    message(ws, message) {
      console.log(`받은 메시지: ${message}`);
    },
    close(ws, code, message) {
      console.log(`연결이 끊어졌습니다. (코드: ${code}, 메시지: ${message})`);
    },
  },
});
```

8.3 웹소켓 테스트

서버 측 이벤트 처리 로직이 제대로 작동하는지 웹 브라우저에서 테스트해보겠습니다.
보통 웹소켓 통신에서 클라이언트는 웹 브라우저가 됩니다.

우선 웹 브라우저에서 URL http://localhost:3000/에 접속해보면, 헬로, Bun!이 나
타날 것입니다. 이를 통해서 HTTP 서버가 정상적으로 떠 있는 확인할 수 있습니다.

```
헬로, Bun!
```

이제 브라우저 개발자 도구 콘솔을 열고, URL ws://localhost:3000/chat을 인수로
WebSocket 객체를 생성한 후, socket 변수에 할당합니다.

```
const socket = new WebSocket("ws://localhost:3000/chat");
```

이때 서버 로그를 보면 open 이벤트가 발생하여 연결이 성공했다는 메시지가 찍힐 것
입니다.

```
연결되었습니다!
```

8.4 클라이언트에서 데이터 보내기

이제 클라이언트 측에서 웹소켓 서버로 데이터를 보내보겠습니다.

브라우저 콘솔에서 `WebSocket` 객체의 `send()` 함수를 호출하여 문자열 데이터를 2회 송신합니다.

```
socket.send("안녕하세요?");
socket.send("반갑습니다!");
```

이때 서버 로그를 보면 `message` 이벤트가 발생하여 클라이언트에서 보낸 메시지가 찍힐 것입니다.

```
받은 메시지: 안녕하세요?
받은 메시지: 반갑습니다!
```

8.5 웹소켓 닫기

웹 브라우저를 닫으면 웹소켓과 연결이 자연스럽게 끊어집니다. 이때 서버에는 `close` 이벤트가 발생하여 연결이 끊어졌다는 로그가 찍힙니다.

```
연결이 끊어졌습니다. (코드: 1001, 메시지: )
```

좀 더 명시적으로 브라우저 콘솔에서 `WebSocket` 객체의 `close()` 함수를 호출하여 연결을 끊을 수도 있습니다. 첫 번째 인수로 종료 코드를 넘길 수 있고, 두 번째 인수로 메시지도 넘길 수 있습니다.

```
socket.close(1000, "안녕히 계세요.");
```

서버 로그를 보면 close 이벤트가 발생하여 클라이언트에서 보낸 종료 코드와 메시지가 찍힐 것입니다.

```
연결이 끊어졌습니다. (코드: 1000, 메시지: 안녕히 계세요.)
```

8.6 서버에서 데이터 보내기

웹소켓은 양방향 통신 프로토콜이므로 서버에서 클라이언트로 데이터를 보내는 것도 가능합니다. websocket 속성에 있는 모든 이벤트 핸들러 함수에는 공통적으로 첫 번째 인수로 ws가 넘어오는데, 이것은 클라이언트 웹소켓을 나타냅니다. 클라이언트에 메시지를 보낼 때는, 메시지를 인수로 삼는 ws.send() 함수를 호출하면 됩니다.

클라이언트가 보낸 메시지를 그대로 돌려보내도록 message 이벤트 핸들러 함수에 코드 한 줄을 추가해보겠습니다.

```typescript
index.ts

Bun.serve({
  fetch(req, server) { /* 생략 */ },
  websocket: {
    open(ws) {
      console.log("연결되었습니다!");
    },
    message(ws, message) {
      console.log(`받은 메시지: ${message}`);
      ws.send(message); // 클라이언트의 메시지를 그대로 보냄
    },
    close(ws, code, message) {
      console.log(`연결이 끊어졌습니다. (코드: ${code}, 메시지: ${message})`);
    },
  },
});
```

8.7 클라이언트 측 이벤트 처리

서버에서 보낸 메시지를 처리하려면 클라이언트 측에서도 비슷하게 이벤트 처리를 해줘야 합니다.

새로운 브라우저를 열고 다시 웹소켓 연결을 합니다. 그다음에 WebSocket 객체의 add EventListener() 함수를 사용해서, 서버에서 받은 메시지를 브라우저 콘솔에 출력해주는 함수를 등록해줍니다.

```
const socket = new WebSocket("ws://localhost:3000/chat");
socket.addEventListener("message", (event) => {
  console.log("서버에서 받은 메시지:", event.data);
});
```

이제 다시 서버로 메시지를 보내보면, 다음과 같이 동일한 메시지가 웹 브라우저로 돌아오는 것을 볼 수 있습니다.

```
socket.send('안녕하세요?');
서버에서 받은 메시지: 안녕하세요?
socket.send('따라 하지 마세요!');
서버에서 받은 메시지: 따라 하지 마세요!
```

8.8 실시간 채팅 애플리케이션 구현

지금까지 웹소켓을 통해서 서버와 클라이언트 간에 데이터를 주고받는 기본적인 방법을 익혔으니, 6장에서 배운 명령줄 프로그램을 개발하는 방법을 접목하여 간단한 채팅 애플리케이션을 구현해보면 어떨까요?

우선 server.ts 파일에 웹소켓 서버 측 코드를 작성해보겠습니다.

```ts
server.ts

Bun.serve({
  fetch(req, server) {
    const { pathname } = new URL(req.url);
    if (pathname == "/chat") {
      if (server.upgrade(req)) {
        return;
      }
      return new Response("Upgrade failed", { status: 500 });
    }
    return new Response("헬로, Bun!");
  },
  websocket: {
    open(ws) {
      if (confirm("클라이언트의 접속을 수락하실 건가요?")) {
        console.log("클라이언트가 접속하였습니다.");
        ws.send("환영합니다!");
      } else {
        ws.close(1000, "서버가 접속을 거부합니다.");
      }
    },
    message(ws, message) {
      console.log(`클라이언트 > ${message}`);
      const data = prompt("서버 > ");
      ws.send(data ?? "");
    },
    close(ws, code, reason) {
      console.log(
        `클라이언트와 연결이 끊어졌습니다. (코드: ${code}, 이유: ${reason})`
      );
    },
  },
});
```

- **open()**: confirm() 함수를 통해서 클라이언트의 접속을 통제합니다. 서버에 콘솔에서 y가 입력되면 클라이언트에 환영 메시지를 보내고, n이 입력되면 클라이언트의 접속을 거부합니다.

- **message()**: 클라이언트에서 받은 메시지를 서버의 콘솔에 출력한 후, prompt() 함수를 통해서 서버에서 입력한 메시지를 클라이언트로 보냅니다.

- **close()**: 클라이언트와 연결이 끊어진 코드와 이유를 출력합니다.

앞에서는 브라우저에서 클라이언트 코드를 실행했지만, 웹 표준 API를 지원하는 Bun 으로도 얼마든지 클라이언트 코드를 구현할 수 있습니다. `client.ts` 파일에 클라이언트 측 코드를 작성합니다.

```ts
// client.ts
const ws = new WebSocket("ws://localhost:3000/chat");

ws.addEventListener("open", (event) => {
  console.log("서버에 접속하였습니다.");
});

ws.addEventListener("message", (event) => {
  console.log(`서버 > ${event.data}`);
  const data = prompt("클라이언트 > ");
  ws.send(data ?? "");
});

ws.addEventListener("close", ({ code, reason }) => {
  console.log(`서버와 연결이 끊어졌습니다. (코드: ${code}, 이유: ${reason})`);
});
```

서버 측에서 처리했던 것과 비슷하게 우선 서버에서 받은 메시지를 클라이언트의 콘솔에 출력한 후, `prompt()` 함수를 이용하여 클라이언트에서 입력한 메시지를 서버로 보냅니다.

이제 작성한 코드를 테스트해보겠습니다. 터미널 탭 두 개를 열고, 한 탭에서는 서버 프로그램을 실행하고, 다른 탭에서는 클라이언트 프로그램을 실행합니다.

```
// 터미널 1
$ bun run server.ts
```

```
$ bun run client.ts
```

클라이언트 프로그램을 실행하는 순간, 서버 터미널에서 클라이언트의 접속을 수락할
지 물어볼 것입니다. 여기서 '아니오(n)'를 선택하면 서버는 접속을 거부합니다.

터미널 1

```
$ bun run server.ts
클라이언트의 접속을 수락하실 건가요? [y/N] n
클라이언트와 연결이 끊어졌습니다. (코드: 1000, 이유: 서버가 접속을 거부합니다.)
```

따라서 클라이언트 측 터미널에서는 서버와 연결이 바로 끊어집니다.

터미널 2

```
$ bun run client.ts
서버에 접속하였습니다.
서버와 연결이 끊어졌습니다. (코드: 1000, 이유: 서버가 접속을 거부합니다.)
$
```

다시 클라이언트 프로그램을 실행합니다.

터미널 2

```
$ bun run client.ts
```

이번에는 서버 터미널에서 클라이언트의 접속을 수락해줍시다.

터미널 1

```
클라이언트의 접속을 수락하실 건가요? [y/N] y
클라이언트가 접속하였습니다.
```

클라이언트 터미널에는 환영 메시지가 보이고, 메시지를 입력할 수 있는 상태가 됩니다.

```
터미널 2

$ bun run client.ts
서버에 접속하였습니다.
서버 > 환영합니다!
클라이언트 >
```

클라이언트 터미널에서 메시지를 서버로 보내봅니다.

```
터미널 2

$ bun run client.ts
서버에 접속하였습니다.
서버 > 환영합니다!
클라이언트 > 반가워요 ^^
```

그러면 서버 측에 해당 메시지가 보이고, 메시지를 입력할 수 있는 상태가 됩니다.

```
터미널 1

클라이언트 > 반가워요 ^^
서버 >
```

서버 터미널에서 답변 메시지를 클라이언트로 보내봅니다.

```
터미널 1

클라이언트 > 반가워요 ^^
서버 > 저도 반갑습니다.
```

그러면 클라이언트 측에 해당 메시지가 보이고, 메시지를 입력할 수 있는 상태가 됩니다.

```
터미널 2

서버 > 저도 반갑습니다.
클라이언트 >
```

이렇게 클라이언트와 서버가 계속해서 서로 메시지를 한 번씩 주고받을 수 있습니다.

```
터미널 2

서버 > 저도 반갑습니다.
클라이언트 > 자기 소개 좀 부탁드려요.
서버 > ㅋㅋㅋ
클라이언트 >  ^C
```

```
터미널 1

클라이언트 > 자기 소개 좀 부탁드려요.
서버 > ㅋㅋㅋ
클라이언트와 연결이 끊어졌습니다. (코드: 1006, 이유: )
```

클라이언트 측에서 Ctrl + C 키를 눌러서 프로그램을 빠져나오면, 서버 측에는 클라이언트와 연결이 끊어졌다고 나옵니다. 서버 프로그램은 계속 떠 있기 때문에 다시 클라이언트 프로그램을 실행해서 접속할 수 있습니다.

현재 대부분의 모던 브라우저는 웹소켓 API를 지원하고 있습니다. 그럼에도 모든 사용자가 최신 브라우저를 사용한다고 단정할 수는 없기 때문에, 웹소켓이 지원되지 않는 환경에서는 어쩔 수 없이 대안 기술을 사용해야 합니다. **Socket.IO**는 이런 호환성 부분에 대해서 개발자가 크게 걱정할 필요 없이 실시간 양방향 통신을 하는 웹 애플리케이션을 작성할 수 있도록 도와주는 라이브러리로서, 실제 프로젝트에서 채팅 애플리케이션이나 실시간 게임을 개발하는 데 많이 사용되고 있습니다.

웹소켓과 Socket.IO에 대해 공부하고 싶은 분들에게는 제 블로그의 아래 블로그 포스팅을 추천합니다.

- **실시간 양방향 통신을 위한 웹소켓(WebSocket):** https://www.daleseo.com/websocket/
- **Socket.IO 기본 사용법:** https://www.daleseo.com/socket-io/

CHAPTER 9

Bun으로 파일 입출력하기

백엔드 개발에서 파일 입출력은 기본적으로 필요한 기능입니다. Bun에서는 파일을 간편하게 읽고 쓸 수 있도록 매우 직관적인 API를 제공합니다. `Bun.file()` 전역 함수는 인수로 파일 경로를 받으며, `BunFile` 객체를 반환합니다. `BunFile` 클래스는 웹에서 파일을 표현하기 위해서 널리 사용되는 API인 Blob 인터페이스를 구현하고 있기 때문에 표준적인 방법으로 파일 입출력을 할 수 있습니다.

9.1 파일의 메타 데이터 읽기

Bun.file() 함수가 반환하는 BunFile 객체의 size와 type, name, lastModified 속성을 통해서 각각 파일의 크기와 MIME 타입, 파일 이름, 파일 수정 시간을 알아낼 수 있습니다.

예를 들어 Bun 프로젝트 내의 package.json 파일의 크기와 타입을 출력하는 프로그램을 index.ts 파일에 작성한 후 실행해보겠습니다.

```typescript
index.ts
const file = Bun.file("./package.json");
console.log({
  size: file.size,
  type: file.type,
  name: file.name,
  lastModified: file.lastModified,
});
```

```
$ bun run index.ts
{
  size: 178,
  type: "application/json;charset=utf-8",
  name: "./package.json",
  lastModified: 1702209571428,
}
```

여기서 다소 독특한 부분은 존재하지 않는 파일의 경로를 Bun.file() 함수에 넘겼을 때 바로 예외가 발생하지 않는다는 것입니다. Node.js와 같은 전통적인 런타임에서는 이럴 때 보통 예외가 발생하거든요.

```typescript
const file = Bun.file("./unknown.txt");
console.log({ size: file.size, type: file.type });
```

```
$ bun run index.ts
```

```
{
  size: 0,
  type: "text/plain;charset=utf-8",
}
```

Bun의 파일 입출력 API는 실제로 파일을 읽거나 쓸 때까지는 파일이 존재하지 않아도
예외를 발생시키지 않습니다. 불필요한 예외를 줄여서 좀 더 견고한 애플리케이션을 개
발하기 위함입니다.

9.2 파일을 문자열로 읽기

Bun.file() 함수가 반환하는 객체의 text() 함수를 호출하면 해당 파일을 문자열로
읽을 수 있습니다. text() 함수는 비동기 함수이므로 앞에 await 키워드를 붙여줘야
합니다.

index.ts

```
const file = Bun.file("./package.json");
console.log(await file.text());
```

```
$ bun run index.ts
{
  "name": "bun-file",
  "module": "index.ts",
  "type": "module",
  "devDependencies": {
    "@types/bun": "latest"
  },
  "peerDependencies": {
    "typescript": "^5.0.0"
  }
}
```

9.3 파일을 바이너리 데이터로 읽기

이미지나 오디오, 비디오 같은 바이너리 데이터를 담고 있는 파일을 열 때는 `Bun.file()` 함수가 반환하는 객체의 `arrayBuffer()` 함수를 호출합니다.

index.ts

```ts
const file = Bun.file("./package.json");
console.log(await file.arrayBuffer());
```

```
$ bun run index.ts
ArrayBuffer(178) [ 123, 10, 32, 32, 34, 110, 97, 109, 101, 34, 58, 32, 34, 98,
117, 110, 45, 102, 105, 108, 101, 34, 44, 10, 32, 32, 34, 109, 111, 100, 117,
108, 101, 34, 58, 32, 34, 105, 110, 100, 101, 120, 46, 116, 115, 34, 44, 10, 32,
32, 34, 116, 121, 112, 101, 34, 58, 32, 34, 109, 111, 100, 117, 108, 101, 34, 44,
10, 32, 32, 34, 100, 101, 118, 68, 101, 112, 101, 110, 100, 101, 110, 99, 105,
101, 115, 34, 58, 32, 123, 10, 32, 32, 32, 32, 34, 98, 117, 110, 45, 116, 121,
112, 101, 115, 34, 58, 32, 34, 108, 97, 116, 101, 115, 116, 34, 10, 32, 32, 125,
44, 10, 32, 32, 34, 112, 101, 101, 114, 68, 101, 112, 101, 110, 100, 101, 110,
99, 105, 101, 115, 34, 58, 32, 123, 10, 32, 32, 32, 32, 34, 116, 121, 112, 101,
115, 99, 114, 105, 112, 116, 34, 58, 32, 34, 94, 53, 46, 48, 46, 48, 34, 10, 32,
32, 125, 10, 125 ]
```

9.4 파일을 스트림으로 읽기

큰 파일을 열거나 네트워크를 통해서 전송할 때는 스트림(stream)을 사용하는 것이 메모리 활용 측면에서 유리합니다. 스트림을 사용하면 파일 전체를 메모리에 올리지 않고 조금씩 소위 청크(chunk) 단위로 처리할 수 있기 때문입니다. `Bun.file()` 함수가 반환하는 객체의 `stream()` 함수를 호출하면 해당 파일을 문자열로 읽을 수 있습니다.

스트림을 읽을 때는 자바스크립트의 `for await` 문법을 사용하면 됩니다.

index.ts

```ts
const file = Bun.file("./package.json");
```

```
const decoder = new TextDecoder();
for await (const value of file.stream()) {
  console.log(decoder.decode(value));
}
```

```
$ bun run index.ts
{
  "name": "bun-file",
  "module": "index.ts",
  "type": "module",
  "devDependencies": {
    "@types/bun": "latest"
  },
  "peerDependencies": {
    "typescript": "^5.0.0"
  }
}
```

9.5 파일을 JSON 객체로 읽기

읽으려는 파일이 JSON 데이터를 담고 있다면 바로 자바스크립트 객체로 읽을 수 있습니다. `Bun.file()` 함수가 반환하는 객체의 `json()` 함수를 호출하면 됩니다.

`index.ts`

```
const file = Bun.file("./package.json");
console.log(await file.json());
```

```
$ bun run index.ts
{
  name: "bun-file",
  module: "index.ts",
  type: "module",
  devDependencies: {
    "bun-types": "latest",
  },
  peerDependencies: {
```

```
    typescript: "^5.0.0",
  },
}
```

9.6 파일에 문자열 쓰기

파일을 쓸 때는 `Bun.write()` 전역 함수를 사용합니다. 첫 번째 인수로 파일 경로를 넘기고, 두 번째 인수로 파일에 쓸 데이터를 넘기면 됩니다.

예를 들어 현재 경로의 `output.txt` 파일에 헬로, Bun!이라는 문자열을 써보겠습니다.

`index.ts`
```
const input = "헬로, Bun!";
await Bun.write("./output.txt", input);
```

프로그램을 실행한 후에 `output.txt` 파일을 확인해보면 헬로, Bun!이라는 문자열이 쓰여진 것이 확인됩니다.

```
$ bun run index.ts
$ cat output.txt
헬로, Bun!%
```

`Bun.write()` 함수의 첫 번째 인수로 파일 경로 대신에 `Bun.file()` 함수가 반환하는 Blob 객체를 넘길 수도 있습니다.

`index.ts`
```
const input = "헬로, Bun!";
const output = Bun.file("./package-clone.json");
await Bun.write(output, input);
```

9.7 파일 복제하기

어떤 파일을 다른 파일로 그대로 복사하고 싶을 때는, `Bun.write()` 함수를 호출할 때 두 번째 인수로 `Bun.file()` 함수가 반환하는 객체를 넘기면 됩니다.

예를 들어 현재 경로의 `package.json` 파일을 `package-clone.json` 파일로 복제해보겠습니다.

```index.ts
const input = Bun.file("./package.json");
await Bun.write("./package-clone.json", input);
```

```
$ bun run index.ts
$ cat package-clone.json
{
  "name": "bun-file",
  "module": "index.ts",
  "type": "module",
  "devDependencies": {
    "@types/bun": "latest"
  },
  "peerDependencies": {
    "typescript": "^5.0.0"
  }
}%
```

마찬가지로 `Bun.write()` 함수의 첫 번째 인수로 파일 경로 대신에 `Bun.file()` 함수가 반환하는 Blob 객체를 넘길 수도 있습니다.

```index.ts
const input = Bun.file("./package.json");
const output = Bun.file("./package-clone.json");
await Bun.write(output, input);
```

9.8 Node.js의 API 지원

Bun은 파일 입출력을 위해서 자체 API를 제공할 뿐만 아니라 Node.js의 파일 시스템 API도 완벽하게 지원합니다. 따라서 Node.js의 API에 익숙한 분들도 큰 이질감 없이 Bun으로 파일 입출력을 할 수 있으며, 기존에 Node.js에서 돌아가던 프로그램도 별다른 수정 없이 Bun에서 실행할 수 있습니다.

Node.js는 파일 입출력을 위해 크게 두 가지 모듈을 제공합니다. `node:fs` 모듈을 통해서는 콜백(callback) 함수 기반의 API를 사용할 수 있고, `node:fs/promises` 모듈을 통해서는 프라미스(promise) 기반의 API를 사용할 수 있습니다.

앞에서 Bun의 API로 작성한 파일을 읽고 쓰는 코드를 Node.js의 콜백 함수 기반 API로 다시 작성해보겠습니다.

```ts
// index.ts
import { readFile, writeFile } from "node:fs";

readFile("package.json", "utf8", (err, data) => {
  if (err) {
    console.error(err);
  } else {
    console.log(data);
  }
});

const data = "헬로, Bun!";
writeFile("./output.txt", data, (err) => console.log(err));
```

이번에는 Node.js의 프라미스 기반 API를 사용하여 작성해보겠습니다.

```ts
// index.ts
import { readFile, writeFile } from "node:fs/promises";

try {
```

```
  const data = readFile("package.json", "utf8");
  console.log(data);
} catch (err) {
  console.log(err);
}

try {
  const data = "헬로, Bun!";
  writeFile("./output.txt", data);
} catch (err) {
  console.log(err);
}
```

9.9 폴더 관리하기

Node.js API를 활용하면, Bun에서는 별도로 API를 제공하지 않는 폴더 관리도 할 수 있습니다.

우선 폴더를 생성하려면 `mkdir()` 함수나 `mkdirSync()` 함수를 사용하면 됩니다. `Sync`가 붙은 함수와 붙지 않은 함수의 차이는 뭘까요? 폴더를 생성하다가 문제가 발생했을 때 `mkdir()` 함수는 콜백 함수를 통해서 예외 처리를 하고, `mkdirSync()` 함수는 `try-catch` 구문을 통해서 예외 처리를 한다는 점이 차이입니다. 이하 살펴볼 다른 함수들도 마찬가지입니다.

현재 경로에 `folder1` 폴더와 `folder2` 폴더를 생성하고, `folder2` 폴더 안에 `folder3` 폴더를 생성해보겠습니다. `folder3` 폴더를 생성하는 시점에 `folder2` 폴더는 아직 존재하지 않으므로, `recursive` 옵션을 `true`로 설정하여 두 폴더가 재귀적으로 생성되게 해야 합니다.

`index.ts`
```
import { mkdir } from "node:fs";
import { mkdir as mkdirSync } from "node:fs/promises";
```

```
mkdir("folder1", (err) => console.log(err));

try {
  mkdirSync("folder2/folder3", { recursive: true });
} catch (err) {
  console.log(err);
}
```

참고로 node:fs 모듈에서 두 함수 모두를 불러올 수도 있습니다.

```
// import { mkdir } from "node:fs";
// import { mkdir as mkdirSync } from "node:fs/promises";
import { mkdir, mkdirSync } from "node:fs";
```

반대로 폴더를 제거하려면, rmdir() 함수나 rmdirSync() 함수를 사용하면 됩니다. folder1 폴더와 folder2 폴더를 제거해보겠습니다. 이때 folder2 안에 있는 folder3 도 연쇄적으로 제거가 될 것입니다.

```
// import { rmdir } from "node:fs";
// import { rmdir as rmdirSync } from "node:fs/promises";
import { rmdir, rmdirSync } from "node:fs";

rmdir("folder1", (err) => console.log(err));

try {
  rmdirSync("folder2", { recursive: true });
} catch (err) {
  console.log(err);
}
```

쉬어 가는 페이지 웹 스트리밍

예전에 컴퓨터에서 영화나 TV 프로그램을 시청하려면 동영상 파일을 전체를 다운로드 해야 하는 시절이 있었습니다. 예를 들어 1시간짜리 동영상을 다운로드하는 데 5분이 걸린다면, 우리는 영상을 보기 위해서 꼬박 5분을 필수적으로 기다려야 했습니다. 만약에 다운로드한 영상이 실망스러워 끝까지 보고 싶지 않다면, 불필요한 대역폭과 디스크 공간이 낭비되기 일쑤였습니다.

하지만 요즘에는 유튜브나 넷플릭스와 같은 온라인 플랫폼에서 콘텐츠를 선택하면 바로바로 영상을 볼 수 있는 훨씬 쾌적한 시청 경험을 할 수 있습니다. 영상 데이터를 작은 조각으로 나눠서 수신하여 조금씩 처리할 수 있게 해주는 스트리밍 기술 덕분입니다. 스트리밍을 통해서 영상의 제일 앞부분만 다운로드되면 바로 재생을 시작할 수 있으며, 우리가 시청하는 동안 영상의 나머지 부분이 백그라운드에서 다운로드됩니다.

최근에는 ChatGPT와 같은 LLM이 등장하면서 웹에서 텍스트를 스트리밍하는 사례도 점점 늘어나고 있습니다. 모델로부터 전체 응답이 나올 때까지 마냥 사용자를 기다리게 하는 것보다는 조금씩이라도 응답을 제공하는 편이 더 낫기 때문입니다.

웹에서는 **Streams API**를 통해서 스트림에 데이터를 읽고 쓰도록 지원하고 있습니다. 제 블로그에서 Streams API에 대해서 자세히 다루고 있으니 공부하고 싶다면 아래 포스팅을 참고해주세요.

- https://www.daleseo.com/js-readable-stream/

CHAPTER 10

Bun의 내장 DB 사용하기

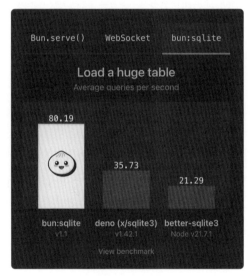

https://bun.sh/

Bun은 **SQLite** 데이터베이스를 탑재하고 있습니다. 이 말은 별도의 소프트웨어를 설치할 필요 없이 바로 SQLite를 사용할 수 있다는 것입니다. 이번 장에서는 `bun:sqlite` 내장 모듈을 사용해서 SQLite 데이터베이스에 접속하고 데이터를 생성, 갱신, 삭제, 조회하는 방법에 대해서 알아보겠습니다.

107

10.1 데이터베이스 접속

Bun의 SQLite 데이터베이스는 `bun:sqlite` 내장 모듈을 통해서 손쉽게 사용할 수 있습니다.

```ts
index.ts

import { Database } from "bun:sqlite";
```

데이터베이스 접속은 `bun:sqlite` 내장 모듈로부터 불러온 `Database` 클래스의 객체를 생성하는 과정을 통해 이루어집니다.

`Database()` 생성자의 인수로 파일 경로를 넘기면 해당 파일에 데이터가 저장됩니다. 다음 예제 코드는 현재 경로에 있는 `file.db` 파일에 데이터를 저장하는 SQLite 객체를 생성합니다(10.7절까지 `index.ts` 파일에 내용을 계속 추가해나가겠습니다).

```ts
const db = new Database("file.db");
```

`Database()` 생성자의 인수로 파일 경로 대신에 `:memory:`라는 문자열을 넘기면 데이터가 메모리에 저장이 됩니다. 보통 이렇게 데이터를 영구적으로 저장하는 않는 데이터베이스를 인메모리(in-memory) 데이터베이스라고 하죠. 인메모리 데이터베이스는 주로 테스트 환경에서 사용됩니다.

```ts
const db = new Database(":memory:");
```

`Database()` 생성자에 아무 인수도 넘기지 않거나, 빈 문자열을 넘겨도 동일한 효과가 납니다.

```ts
const db = new Database();
const db = new Database("");
```

SQLite의 성능을 극대화하려면 다음과 같이 WAL(write-ahead logging) 프래그마도 활성화해주는 것을 강력하게 권장합니다.

```
db.exec("PRAGMA journal_mode = WAL;");
```

WAL 모드에서는 데이터를 로그 파일에 먼저 기록한 후, 실제 데이터베이스 파일에 반영합니다. 이 방식은 일반적인 롤백 저널(rollback journal) 방식보다 더 빠른 성능을 제공합니다. 또한 WAL 모드에서는 여러 프로세스가 동시에 데이터베이스에 접근할 수 있습니다. 트랜잭션이 완료되지 않은 상태에서도 데이터베이스를 읽을 수 있게 하여, 데이터 손실의 위험을 줄입니다.

10.2 테이블 생성하기

SQLite는 **관계형 데이터베이스**(relational database)이므로 하나 이상의 칼럼(column)으로 이루어진 테이블(table)에 구조화된 데이터를 저장합니다. 새로운 테이블을 생성하려면 **데이터 정의 언어**(data definition language, DDL)인 `CREATE TABLE` 쿼리를 실행해야 합니다. 앞에서 데이터베이스에 접속할 때 만든 `Database` 객체의 `exec()` 함수에 SQL 구문을 인수로 호출하면 됩니다.

예를 들어 국가 데이터를 저장하기 위해서 `id`와 `code`, `name` 칼럼으로 이루어진 `countries` 테이블을 생성해보겠습니다.

```
db.exec(
  "CREATE TABLE countries (id INTEGER PRIMARY KEY, code TEXT, name TEXT)"
);
```

나중에 `code` 칼럼을 기준으로 데이터 조회하거나 정렬할 것이기 때문에 `code` 칼럼에 인덱스도 추가해주는 것이 성능 측면에서 유리할 것입니다.

```
db.exec("CREATE INDEX idx_code ON countries (code)");
```

10.3 데이터 삽입하기

INSERT 쿼리와 같은 **데이터 조작 언어**(data manipulation language, DML)는 exec() 함수
를 호출하여 바로 실행하는 것보다는 **프리페어드 스테이트먼트**(prepared statement)를 통
해서 실행하는 것이 권장됩니다. 프리페어드 스테이트먼트를 사용하면 SQL 구문으로부
터 사용자 입력값을 분리할 수 있기 때문에 SQL injection 공격에 대한 위험을 줄이는
데 도움이 됩니다.

다음과 같은 5개의 국가 데이터를 담은 자바스크립트 배열을 countries 테이블에 삽
입해보겠습니다.

```
const countries = [
  { $code: "KR", $name: "Korea" },
  { $code: "CA", $name: "Canada" },
  { $code: "US", $name: "United States" },
  { $code: "GB", $name: "United Kingdom" },
  { $code: "CN", $name: "China" },
];
```

프리페어드 스테이트먼트는 Database 객체의 query() 함수 또는 prepare() 함수에 파
라미터화된(parameterized) SQL 구문을 넘기면 만들어집니다. query() 함수는 쿼리를
캐싱(caching)해주고 prepare() 함수는 해주지 않습니다. 따라서, 데이터를 조회하기
위한 쿼리에는 query() 함수를 사용하는 편이 유리하고, 데이터를 변경하기 위한 쿼리
에는 prepare() 함수를 사용하는 편이 낫습니다.

예를 들어 INSERT 쿼리 내에 $code와 $name을 파라미터로 정의해보겠습니다.

```
const insert = db.prepare(
  "INSERT INTO countries (code, name) VALUES ($code, $name)"
);
```

마지막으로 국가 배열에 대해 루프를 돌면서 Statement 객체의 run() 함수를 호출하
면 쿼리가 실행이 됩니다. 각 국가 객체가 code와 name 속성으로 이루어져 있기 때문에,
파라미터화되어 있는 INSERT 쿼리문에 바인딩(binding)될 수 있습니다.

```
for (const country of countries) insert.run(country);
```

10.4 데이터 갱신하기

데이터를 갱신할 때는 UPDATE 쿼리를 인수로 Statement 객체를 생성합니다. 그다음, 생
성한 Statement 객체의 run() 함수를 호출합니다. 마찬가지로 UPDATE 구문에 바인딩
할 파라미터를 담을 객체를 인수로 넘겨야 합니다.

```
const update = db.prepare(
  "UPDATE countries SET name = $name WHERE code = $code"
);
update.run({ $code: "US", $name: "미국" });
```

10.5 데이터 삭제하기

데이터를 삭제할 때도 데이터를 삽입하거나 생성할 때와 비슷합니다. DELETE 쿼리를 인
수로 넘겨 생성한 Statement 객체의 run() 함수를 호출하면 됩니다.

```
const remove = db.prepare("DELETE FROM countries WHERE code = ?");
remove.run("CN");
```

위와 같이 파라미터의 개수가 적은 경우, ? 기호를 이용하여 SQL 구문 내의 파라미터 자리를 표시할 수 있습니다. 이 경우, run() 함수에 바인딩 파라미터를 넘길 때도 그냥 문자열이나 문자열 배열을 넘기면 됩니다.

10.6 데이터 조회하기

데이터를 조회할 때는 SELECT 쿼리를 인수로 넘겨서 Statement 객체를 생성해야 합니다. SELECT 쿼리는 조회된 데이터가 결과로 나오므로 run() 함수 대신에 get()이나 all() 함수를 호출해야 합니다.

결과 데이터가 단건이면 get() 함수에 SELECT 쿼리문에 바인딩할 파라미터를 넘깁니다.

```
const selectOne = db.query("SELECT * FROM countries WHERE code = ?");
const oneCountry = selectOne.get("KR");
console.log(oneCountry);
```

```
$ bun run index.ts
{
  id: 1,
  code: "KR",
  name: "Korea",
}
```

SELECT 구문의 실행 결과로 여러 건의 데이터가 나오는 경우에는 all() 함수를 사용해야 합니다. all() 함수는 쿼리 결과를 배열에 담아 반환합니다.

```
const selectMany = db.query("SELECT * FROM countries ORDER BY code");
const manyCountries = selectMany.all();
console.log(manyCountries);
```

```
$ bun run index.ts
[
```

```
  {
    id: 2,
    code: "CA",
    name: "Canada",
  }, {
    id: 4,
    code: "GB",
    name: "United Kingdom",
  }, {
    id: 1,
    code: "KR",
    name: "Korea",
  }, {
    id: 3,
    code: "US",
    name: "미국",
  }
]
```

10.7 데이터베이스 닫기

SQLite 데이터베이스와 연결을 종료하려면 `Database` 객체의 `close()` 함수를 호출합니다. `close()`를 호출한 후에는 `Statement` 객체를 생성하거나 쿼리를 실행할 수 없습니다.

```
db.close();
```

10.8 다른 데이터베이스 사용

대규모 서버에서는 SQLite보다 확장성과 안정성이 뛰어난 데이터베이스 엔진을 고려하게 됩니다. 오픈 소스에서는 PostgreSQL, MySQL과 같은 제품이 있고, 상업용 제품으로는 Oracle이나 Microsoft SQL Server 등을 있습니다.

4장에서 살펴본 것처럼 Bun은 패키지 매니저를 내장하고 있기 때문에 SQLite가 아닌 다른 테이터베이스를 사용해야 한다면 npm 패키지 저장소로부터 해당 클라이언트를 자유롭게 내려받아 사용하면 됩니다. 데이터베이스 제품마다 클라이언트 API는 상이하기 때문에 세부적인 내용은 해당 패키지의 문서를 참조해주세요.

이 책에서는 2024년 Stack Overflow 개발자 설문 결과에서 MySQL을 제치고 가장 인기 있는 데이터베이스 1위로 등극한 **PostgreSQL**로만 실습을 해보겠습니다(https://survey.stackoverflow.co/2024/technology/#1-databases).

PostgreSQL는 SQLite처럼 파일 기반의 데이터베이스가 아니기 때문에, PostgreSQL 서버가 필요합니다. AWS와 같은 클라우드 인프라를 사용할 수도 있지만, 도커(Docker)를 활용하면 로컬 환경에서 비용을 들이지 않고 간편하게 PostgreSQL 서버를 컨테이너로 띄울 수가 있습니다.

우선 도커 이미지 저장소로부터 PostgreSQL의 이미지를 내려받습니다.

```
$ docker pull postgres
Using default tag: latest
latest: Pulling from library/postgres
aa6fbc30c84e: Pull complete
7495dd9a7534: Pull complete
315e4f3b46c2: Pull complete
ba82aab0ebf7: Pull complete
d23c85d6eacd: Pull complete
a98eb4aa071f: Pull complete
b0e138aa7cc7: Pull complete
5d91cf4cf4f7: Pull complete
60da88fd1a76: Pull complete
000a2849ebb4: Pull complete
b4704d542ca4: Pull complete
be63ee45aebd: Pull complete
0b3a5c24523f: Pull complete
72bb9abb0bff: Pull complete
Digest: sha256:c62fdb7fd6f519ef425c54760894c74e8d0cb04fbf4f7d3d79aafd86bae24edd
Status: Downloaded newer image for postgres:latest
docker.io/library/postgres:latest
```

내려받은 PostgreSQL 이미지를 백그라운드 컨테이너로 실행합니다.

```
$ docker run --name postgres-local -p 5432:5432 -e POSTGRES_PASSWORD=postgres -d
postgres
3433289afee4c99b80305dffd452009ee336f857dda50bad07f310c6519be6b8
```

PostgreSQL 서버가 정상적으로 떴는지 터미널에서 간단하게 확인해봅니다.

```
$ docker exec -it postgres-local psql postgres postgres
psql (16.4 (Debian 16.4-1.pgdg120+1))
Type "help" for help.

postgres=# \l
                                                      List of databases
    Name    |  Owner   | Encoding | Locale Provider |  Collate   |   Ctype    |
 ICU Locale | ICU Rules |    Access privileges
------------+----------+----------+-----------------+------------+------------+
------------+-----------+-----------------------
 postgres   | postgres | UTF8     | libc            | en_US.utf8 | en_US.utf8 |
            |          |
 template0  | postgres | UTF8     | libc            | en_US.utf8 | en_US.utf8 |
            |          | =c/postgres              +
            |          |                          |            |            |
            |          | postgres=CTc/postgres
 template1  | postgres | UTF8     | libc            | en_US.utf8 | en_US.utf8 |
            |          | =c/postgres              +
            |          |          |               |            |            |
            |          | postgres=CTc/postgres
(3 rows)

postgres=# SELECT 1;
 ?column?
----------
        1
(1 row)
```

Bun으로 PostgreSQL 서버에 접속해서 쿼리를 실행하려면 자바스크립트 클라이언트
가 필요합니다. Bun으로 postgres 패키지를 npm 저장소로부터 내려받아 설치합니다.

```
$ bun add postgres
bun add v1.1.29 (6d43b366)

installed postgres@3.4.4

1 package installed [302.00ms]
```

앞에서 SQLite를 통해서 했던 동일한 데이터 작업을 PostgreSQL를 사용해서 하도록
postgres.ts 파일에 코드를 작성해보겠습니다. 국가 테이블을 생성하고 데이터를 생
성, 수정, 삭제하는 작업입니다. 그다음에 데이터를 단건, 다건 조회한 후 마지막에는 테
이블을 삭제합니다.

```
postgres.ts

import postgres from "postgres";

const sql = postgres({
  host: "localhost",
  port: 5432,
  database: "postgres",
  username: "postgres",
  password: "postgres",
});

// 테이블 생성
await sql`CREATE TABLE IF NOT EXISTS countries (id SERIAL PRIMARY KEY, code TEXT,
name TEXT)`;

// 데이터 생성, 수정, 삭제
const countries = [
  { code: "KR", name: "Korea" },
  { code: "CA", name: "Canada" },
  { code: "US", name: "United States" },
  { code: "GB", name: "United Kingdom" },
  { code: "CN", name: "China" },
];

await sql`INSERT INTO countries ${sql(countries, "code", "name")}`;

await sql`UPDATE countries SET name = '미국' WHERE code = 'US'`;
```

```
await sql`DELETE FROM countries WHERE code = 'CN'`;

// 데이터 조회
const oneCountry = await sql`SELECT * FROM countries WHERE code = 'KR'`;
console.log({ oneCountry });

const manyCountries = await sql`SELECT * FROM countries`;
console.log({ manyCountries });

// 테이블 삭제
await sql`DROP TABLE IF EXISTS countries`;

await sql.end();
```

Bun으로 postgres.ts 파일을 실행해보면, 데이터베이스에 저장된 한국 데이터 및 다른 모든 국가의 데이터가 출력되는 것을 볼 수 있습니다.

```
$ bun run postgres.ts
{
  oneCountry: [
    {
      id: 1,
      code: "KR",
      name: "Korea",
    }, count: 1, state: {
      pid: 280,
      secret: 1639869875,
    }, command: "SELECT", columns: [
      [Object ...], [Object ...], [Object ...]
    ], statement: {
      string: "SELECT * FROM countries WHERE code = 'KR'",
      types: [],
      name: "6gkzf98n9sf6",
      columns: [
        [Object ...], [Object ...], [Object ...]
      ],
    }
  ],
}
```

```
{
  manyCountries: [
    {
      id: 1,
      code: "KR",
      name: "Korea",
    }, {
      id: 2,
      code: "CA",
      name: "Canada",
    }, {
      id: 4,
      code: "GB",
      name: "United Kingdom",
    }, {
      id: 3,
      code: "US",
      name: "미국",
    }, count: 4, state: {
      pid: 280,
      secret: 1639869875,
    }, command: "SELECT", columns: [
      [Object ...], [Object ...], [Object ...]
    ], statement: {
      string: "SELECT * FROM countries",
      types: [],
      name: "6gkzf98n9sf7",
      columns: [
        [Object ...], [Object ...], [Object ...]
      ],
    }
  ],
}
```

SQLite는 전 세계에서 가장 널리 사용되고 있는 경량화 데이터베이스입니다. 알게 모르게 우리가 쓰고 있는 대부분의 전자기기에서 SQLite가 사용되고 있죠.

SQLite는 다른 데이터베이스와는 달리 클라이언트와 서버 간에 데이터를 송수신하지 않고, 모든 데이터를 로컬 컴퓨터에 저장합니다. 덕분에 매우 가벼워서 하드웨어 자원이 제한되고, 특히 원격 통신이 어려운 환경에서 빛을 발합니다. 그렇다고 SQLite가 간단한 애플리케이션에만 쓰이는 것이 아니라 어느 정도 규모가 있는 애플리케이션을 개발하기에도 거뜬한 성능을 자랑합니다.

SQLite는 모든 데이터를 하나의 파일에 저장하며 이 파일만 복제하여 매우 쉽게 데이터를 이전(migration)할 수 있습니다. 이러한 뛰어난 이식성(portability)도 다른 데이터베이스에서는 찾기 힘든 SQLite만의 특징입니다.

SQLite 자체에 대해서 좀 더 공부하고 싶다면, 제 블로그에서 자세히 다루고 있으니 아래 블로그 글을 참고해주세요.

* https://www.daleseo.com/js-sqlite/

III

Bun으로 도대체
못 하는 게 뭐임?

Bun을 단순한 런타임이라고 생각했다면 오산입니다. Bun은 여러분이 자바스크립트 개발을 할 때 필요한 웬만한 도구를 모두 지원하는 올인원 개발 키트, 즉 만능 도구 상자입니다.

3부에서는 Bun을 이용해 기존 런타임에서 상상하기 어려운 일들을 한번 해보겠습니다. 11장에서는 Bun에 내장된 테스트 모듈을 통해서 테스트를 어떻게 작성하고 실행하는지 배웁니다. 12장에서는 Bun에 내장된 번들러를 이용하여 애플리케이션 배포를 위해 프로젝트를 빌드하는 방법을 배웁니다. 13장에서는 Bun으로 셸 스크립트를 작성하고 실행하는 것이 얼마나 쉬운지 배웁니다. 14장에서는 그동안 배운 지식을 모두 총동원하여 현업에서 실제로 볼 법한 REST API를 개발해보겠습니다. 마지막 15장은 부록 개념으로, 본문에서 다루지 않았지만 알아두면 유용한 Bun이 제공하는 유틸리티 기능을 살펴보겠습니다.

CHAPTER 11

Bun으로 테스트하기

```
$ bun test
```

Bun is a test runner that makes the rest look like test walkers.

Bun		00.23s
Vitest	5x slower	01.91s
Jest+SWC	8x slower	03.07s
Jest+tsjest	18x slower	06.71s
Jest+Babel	20x slower	07.43s

Running the test suite for Zod

https://bun.sh/

예전에는 자바스크립트에서 테스트를 작성하고 실행할 때는 Jest와 같은 별도의 테스팅 프레임워크를 설치하여 사용해야 했습니다. Bun은 Jest와 호환되는 테스팅 모듈을 이미 내장하고 있어서 매우 빠르고 간편하게 테스트를 작성하고 테스트할 수 있습니다.

Bun에서 제공하는 테스트 관련 기능들은 `bun:test` 모듈에서 불러옵니다.

11.1 테스트 작성하기

Jest로 테스트를 작성할 때는 expect, test, it, describe와 같은 함수들을 전역으로 제공이 되어 바로 사용할 수가 있습니다. Bun을 사용할 때도 동일하게 설정을 할 수 있지만, bun:test 모듈에서 명시적으로 이러한 함수를 불러오는 것이 권장됩니다. 특히, 타입스크립트로 테스트 코드를 작성한다면 코드 편집기에서 자동 완성이 더 원활하게 지원되기 때문에 더 나은 개발 경험을 할 수 있습니다.

그럼, bun:test 모듈에서 test와 expect 함수를 불러와서 무조건 통과하는 아주 간단한 테스트를 작성해보겠습니다.

```ts
example1.test.ts

import { test, expect } from "bun:test";

test("1 is 1", () => {
  expect(1).toBe(1);
});
```

11.2 테스트 실행하기

작성한 테스트 코드를 실행하려면 터미널에서 bun test 명령어를 실행합니다.

```
$ bun test
bun test v1.0.25 (a8ff7be6)

example1.test.ts:
✓ 1 is 1 [0.03ms]

 1 pass
 0 fail
 1 expect() calls
Ran 1 tests across 1 files. [10.00ms]
```

기본적으로 명령어를 실행한 디렉터리를 기준으로 다음 Glob 패턴에 일치하는 모든 파일을 찾아서 그 안에 있는 테스트 코드를 실행해줍니다.

- *.test.{js|jsx|ts|tsx}
- *_test.{js|jsx|ts|tsx}
- *.spec.{js|jsx|ts|tsx}
- *_spec.{js|jsx|ts|tsx}

만약에 특정 파일에 있는 테스트 코드만 실행하고 싶다면, bun test 명령어 뒤에 파일 이름을 붙여줍니다.

```
$ bun test example1
bun test v1.0.25 (a8ff7be6)

example1.test.ts:
✓ 1 is 1 [0.03ms]

 1 pass
 0 fail
 1 expect() calls
Ran 1 tests across 1 files. [11.00ms]
```

11.3 테스트 그룹화하기

실제 프로젝트에서 작성하는 테스트 코드는 앞에서 작성한 코드처럼 간단하지 않겠죠? 하나의 테스트 파일에 다수의 테스트 함수를 작성하는 경우도 많습니다.

이럴 때는 연관된 테스트 함수들끼리 묶어두면 코드를 읽기가 수월해지고 유지보수도 쉬워집니다. 테스트를 그룹으로 묶을 때 자주 사용되는 용어가 있는데, 보통 각각의 테스트 함수를 **테스트 케이스**(test case)라고 하고, 서로 관련이 있는 여러 개의 테스트를 묶어주는 단위를 **테스트 스위트**(test suite)라고 합니다.

예를 들어 다음과 같이 사칙연산을 수행할 수 있는 계산기 객체에 대한 테스트를 작성한다고 생각해보겠습니다.

```
calculator.ts

export const calculator = {
  add(x: number, y: number) {
    return x + y;
  },
  subtract(x: number, y: number) {
    return x - y;
  },
  multiply(x: number, y: number) {
    return x * y;
  },
  divide(x: number, y: number) {
    return x / y;
  },
};
```

이 계산기 객체를 위한 테스트를 작성하려면 덧셈, 뺄셈, 곱셈, 나눗셈 이렇게 최소한 4가지 테스트 케이스를 작성해야 할 것입니다.

이럴 때는 bun:test 모듈에서 제공하는 describe 함수와 it 함수를 통해서 객체의 구조와 동일하게 테스트 코드의 구조를 형성할 수 있습니다.

```
calculator.test.ts

import { describe, expect, it } from "bun:test";
import { calculator } from "./calculator";

describe("calculator", () => {
  it("add()", () => {
    expect(calculator.add(1, 2)).toBe(3);
  });

  it("subtract()", () => {
    expect(calculator.subtract(1, 2)).toBe(-1);
```

```
  });

  it("multiply()", () => {
    expect(calculator.multiply(1, 2)).toBe(2);
  });

  it("divide()", () => {
    expect(calculator.divide(1, 2)).toBe(0.5);
  });
});
```

여기서 it() 함수 대신에 test() 함수를 사용해도 무방합니다. 사실 이 두 함수는 완전히 동일한 기능을 하는 함수인데, 기존에 많이 사용되었던 Mocha나 Jasmin, Jest 같은 테스트 라이브러리에서 함수명 it()을 사용하던 오래된 관행이 있기 때문에, Bun에서도 it()을 test() 함수의 별칭으로 제공해주고 있는 것이지요.

11.4 테스트 실행 제어

test.todo() 또는 it.todo() 함수를 사용하여 아직 완성되지 않은 테스트 케이스를 표시해놓으면 테스트를 실행할 때마다 상기할 수 있어서 좋습니다. 애플리케이션 코드보다 테스트 코드를 먼저 작성하는 테스트 주도 개발(test-driven development, TDD)을 실천할 때 특히 유용하게 사용되는 기능입니다.

```
todo.test.ts
import { expect, describe, it, test } from "bun:test";

describe("Example Test Suite", () => {
  it("one plus two is three", () => {
    expect(1 + 2).toBe(3);
  });

  it.todo("this test won't run", () => {
    expect(1 - 2).toBe(-100);
  });
});
```

```
test.todo("write test code later");
```

위 테스트 파일을 실행해보면, it.todo()와 test.todo()로 표시한 테스트 케이스가
실행이 되지 않고 테스트 결과에 'todo'로 표시되는 것을 볼 수 있습니다.

```
$ bun test todo
bun test v1.0.25 (a8ff7be6)

src/todo.test.ts:
✓ Example Test Suite > one plus two is three [1.15ms]
✎ Example Test Suite > this test won't run
✎ write test code later

 1 pass
 2 todo
 0 fail
 1 expect() calls
Ran 3 tests across 1 files. [12.00ms]
```

skip()이 달려 있는 테스트 케이스나 스위트는 Bun의 테스트 러너가 테스트를 실행할
때 제외되게 됩니다. 특정 테스트 케이스에 문제가 생겼는데 바로 고칠 수 있는 여력이
없어서 일시적으로 예외로 처리할 때 유용하게 활용할 수 있습니다. 대다수의 프로젝트
에서 실패하는 테스트가 있는 경우 배포가 금지되기 때문입니다.

skip.test.ts
```
import { expect, test } from "bun:test";

test("this test will be executed", () => {
  expect(1 + 1).toBe(2);
});

test.skip("this test will be skipped", () => {
  expect(1 + 1).toBe(3);
});
```

```
$ bun test skip
bun test v1.0.25 (a8ff7be6)

src/skip.test.ts:
✓ this test will be executed [0.02ms]
» this test will be skipped

 1 pass
 1 skip
 0 fail
 1 expect() calls
Ran 2 tests across 1 files. [11.00ms]
```

테스트 코드 작성 중에 특정 테스트에 문제가 생겨서 해당 테스트만 실행하고 싶다면 해당 스위트나 케이스를 only()로 표시해주면 됩니다.

only.test.ts

```
import { describe, expect, it } from "bun:test";

describe("Example Test Suite", () => {
  it("this test will not be executed", () => {
    expect(1 + 1).toBe(2);
  });


  it.only("this test will be executed only", () => {
    expect(1 + 1).toBe(2);
  });
});
```

```
$ bun test only --only
bun test v1.0.25 (a8ff7be6)

src/only.test.ts:
✓ Example Test Suite > this test will be executed only [0.02ms]

 1 pass
 0 fail
 1 expect() calls
Ran 1 tests across 1 files. [11.00ms]
```

11.5 테스트 전/후 처리

테스트를 작성하다 보면 모든 테스트 함수에서 공통적으로 어떤 작업을 수행해야 할 때가 있습니다. 이를 위해서 Bun의 내장 테스트 모듈은 beforeEach(), afterEach(), beforeAll(), afterAll()와 같은 라이프사이클 훅(lifecycle hook) 함수를 제공합니다.

beforeEach()와 afterEach() 함수에는 각 테스트가 실행되기 전이나 끝난 후에 실행해야 할 로직을 넣을 수 있습니다. beforeEach() 함수는 주로 데이터 초기화, 환경 변수 설정 등의 작업을 위해서 쓰이는 반면에, afterEach() 함수로는 주로 리소스 해제, 데이터 정리 등의 작업을 수행합니다.

모든 테스트가 실행되기 전이나 끝난 후에 실행해야 할 로직은 beforeAll()과 afterAll() 함수를 통해서 명시할 수 있습니다.

```ts
// fruits.test.ts
import { afterEach, beforeEach, expect, test } from "bun:test";

let fruits: string[];

beforeEach(() => {
  fruits = ["Apple", "Banana", "Cherry"];
});

afterEach(() => {
  fruits = [];
});

test("push", () => {
  fruits.push("Lemon");
  expect(fruits).toEqual(["Apple", "Banana", "Cherry", "Lemon"]);
});

test("pop", () => {
  fruits.pop();
  expect(fruits).toEqual(["Apple", "Banana"]);
});
```

위 예제 코드를 보면, `beforeEach()` 함수를 통하여 매번 테스트가 시작하기 전에 `fruits` 배열을 항상 같은 원소들로 초기화하고, `afterEach()` 함수를 통하여 매번 테스트가 끝난 후에 `fruits` 배열을 비우고 있습니다. 이렇게 각 테스트 케이스가 실행되기 전에 데이터를 초기화하고 테스트 케이스가 종료된 후에 데이터를 정리해줌으로써 테스트 케이스 간에 서로 불필요한 영향을 주는 것을 최소화할 수 있습니다. 즉, 항상 동일한 테스트 결과를 얻는 데 도움이 됩니다.

11.6 함수 모킹

모킹(mocking)은 테스트 대상 코드가 의존하는 부분을 가짜(mock)로 대체하는 테스팅 기법입니다. 일반적으로 네트워크를 통한 API 호출이나 데이터베이스 연동처럼 테스트 내에서 직접 환경을 설정하기 까다롭거나 비용이 많이 들어갈 때 많이 사용됩니다.

그뿐만 아니라, 모킹을 사용하면 테스트가 실행되는 동안 가짜 객체에 어떤 일들이 발생했는지를 기억하기 때문에 가짜 객체가 내부적으로 어떻게 사용되는지 검증할 수도 있습니다. 결론적으로, 모킹을 잘 활용하면 가볍고 빠르게 실행되면서도 항상 동일한 결과를 내는 안정적인 테스트를 작성할 수 있습니다.

Bun의 테스트 모듈은 함수 모킹을 지원하기 위해서 `mock()`과 `spyOn()`과 같은 API를 제공하고 있습니다.

`mock()` 함수로는 가짜 함수를 만들 수 있으며, 이 함수가 테스트 내에서 임의의 방식으로 작동하도록 설정해줄 수 있습니다.

```
mock1.test.ts

import { test, expect, mock } from "bun:test";

test("mock function mocks", async () => {
  const fakeData = "I'm a mock.";
```

```
  const mockFunction = mock(() => fakeData);

  expect(mockFunction()).toEqual(fakeData);
});
```

물론 비동기로 작동하는 가짜 함수도 만들 수 있습니다.

`mock2.test.ts`

```ts
import { test, expect, mock } from "bun:test";

test("async mock function mocks", async () => {
  const fakeData = "I'm a mock.";

  const mockFunction = mock(() => Promise.resolve(fakeData));

  expect(await mockFunction()).toEqual(fakeData);
});
```

그뿐만 아니라, 가짜 함수는 테스트 내에서 자신이 어떻게 호출되었는지를 전부 기억합니다. `toHaveBeenCalled`로 시작하는 함수를 사용하여 가짜 함수가 몇 번 호출되었고 인수로 무엇이 넘어왔었는지를 검증할 수 있습니다.

`mock3.test.ts`

```ts
import { test, expect, mock } from "bun:test";

test("mock function remembers", () => {
  const mockFunction = mock((arg: number | string) => {});

  mockFunction(123);
  mockFunction("ABC");

  expect(mockFunction).toHaveBeenCalledTimes(2);
  expect(mockFunction).toHaveBeenCalledWith(123);
  expect(mockFunction).toHaveBeenCalledWith("ABC");
});
```

모킹에는 스파이(spy)라는 개념도 있습니다. 현실이나 영화 속에서 스파이라는 직업은 '몰래' 정보를 캐내야 합니다. 테스트를 작성할 때도 이처럼, 어떤 객체에 속한 함수의 구현을 가짜로 대체하지 않고, 해당 함수의 호출 여부와 어떻게 호출되었는지만을 알 아내야 할 때가 있습니다. 이럴 때 spyOn() 함수를 사용하여 어떻게 호출되었는지만 엿 볼 수 있습니다.

```ts
spyOn.test.ts

import { test, expect, spyOn } from "bun:test";

test("spy on", () => {
  const calculator = {
    add: (a: number, b: number) => a + b,
  };

  const spyAdd = spyOn(calculator, "add");

  const result = calculator.add(2, 3);

  expect(spyAdd).toHaveBeenCalledTimes(1);
  expect(spyAdd).toHaveBeenCalledWith(2, 3);
  expect(result).toBe(5);
});
```

위 예제를 보면, spyOn() 함수를 이용해서 calculator 객체의 add() 함수에 스파이를 심고 있습니다. 우리는 이 스파이를 통해서, add() 함수를 호출 후에 호출 횟수와 어떤 인수가 넘어갔는지 검증할 수 있습니다. 하지만 가짜 함수로 대체한 것은 아니기 때문에 여전히 결과는 원래 구현대로 2와 3의 합인 5가 되는 것을 알 수 있습니다.

11.7 모듈 모킹

개별 함수를 모킹하거나 스파잉(spying)하는 대신에 모듈 전체를 모킹할 수도 있습니다.

예를 들어 다음과 같이 notification.ts 파일에서 이메일을 보내는 함수와 문자를 보내는 함수를 내보낸다고 가정해보겠습니다. 어차피 테스트에서 이 두 함수를 모두 모킹할 것이기 때문에 구현이 그리 중요하지 않아 생략했습니다.

```ts
notification.ts

export function sendEmail(email: string, message: string) {
  /* 이메일 보내는 코드 */
}

export function sendSMS(phone: string, message: string) {
  /* 문자를 보내는 코드 */
}
```

테스트 코드에서 notification.ts 파일로부터 두 함수를 불러올 때, mock.module() 함수를 사용해서 가짜 함수로 대체할 수 있습니다.

```ts
notification.test.ts

import { expect, mock, test } from "bun:test";
import { sendEmail, sendSMS } from "./notification";

mock.module("./notification", () => ({
  sendEmail: mock(),
  sendSMS: mock(),
}));

test("sendEmail", () => {
  sendEmail("test@email.com", "테스트 이메일");

  expect(sendEmail).toHaveBeenCalledTimes(1);
  expect(sendEmail).toHaveBeenCalledWith("test@email.com", "테스트 이메일");
});

test("sendSMS", () => {
  sendSMS("123-456-7890", "테스트 문자");

  expect(sendSMS).toHaveBeenCalledTimes(1);
  expect(sendSMS).toHaveBeenCalledWith("123-456-7890", "테스트 문자");
});
```

11.8 날짜/시간 모킹

테스트를 작성할 때, 날짜와 시간이 자주 문제가 됩니다. 날짜와 시간은 다른 데이터와는 달리 항상 변하기 때문입니다.

예를 들어 다음과 같이 현재 날짜를 주어진 언어에 따라 문자열로 변환해주는 간단한 함수를 작성해보겠습니다.

date.test.ts

```
function formatCurrentDate(locale = "en") {
  const koDtf = new Intl.DateTimeFormat(locale, {
    dateStyle: "long",
    timeStyle: "short",
  });
  return koDtf.format(new Date());
}
```

이 함수는 Date() 생성자를 통해 현재 날짜를 얻고 있습니다. 함수 내부에서 생성되는 날짜 객체는 함수가 호출될 때마다 바뀔 것입니다. 너무 당연한 얘기겠지만 우리의 시간은 언제나 흐르고 있으니까요.

하지만 Bun의 테스트 모듈에서 제공하는 setSystemTime() 함수를 사용하면 날짜와 시간을 고정시킬 수 있습니다. 따라서 언제 실행하더라도 항상 통과하는 테스트를 작성할 수 있습니다.

date.test.ts

```
import { beforeEach, expect, setSystemTime, test } from "bun:test";

beforeEach(() => setSystemTime());

test("formats current date for English", () => {
  setSystemTime(new Date(2023, 9, 21, 16, 57));
  expect(formatCurrentDate()).toEqual("October 21, 2023 at 4:57 PM");
```

```
});

test("formats current date for Korean", () => {
  setSystemTime(new Date(2023, 9, 21, 16, 57));
  expect(formatCurrentDate("ko")).toEqual("2023년 10월 21일 오후 4:57");
});
```

위 예제 코드를 보면 beforeEach() 함수에서 setSystemTime() 함수를 아무 인수를 넘기지 않고 호출하고 있습니다. 이렇게 해주면 시간이 다시 정상적으로 흐르게 되기 때문에 다른 테스트 케이스에 주는 부작용을 최소화할 수 있습니다.

11.9 프리로드 사용하기

프로젝트 내의 모든 테스트가 실행되기 전에 공통적으로 실행되어야 하는 코드가 있을 수 있습니다. 대표적인 예로 테스트에서만 사용되는 경량화된 가짜 DB나 API를 올리거나 초기화해야 하는 경우를 생각해볼 수 있습니다.

이렇게 공통적으로 실행되어야 하는 코드는 별도의 파일에 작성합니다. 이를 **프리로드** (preload) 파일이라고 합니다. 예를 들어 모든 테스트가 시작되기 전과 끝난 후에 콘솔에 메시지를 출력하고 싶다면 setupTests.ts 파일을 아래와 같이 작성할 수 있습니다.

```
setupTests.ts

import { beforeAll, afterAll } from "bun:test";

beforeAll(() => {
  console.log("테스트가 실행됩니다.");
});

afterAll(() => {
  console.log("테스트가 종료됩니다.");
});
```

Bun으로 테스트를 실행할 때 --preload 옵션을 통해 이렇게 작성한 파일의 경로를 넘기면 됩니다.

```
$ bun test --preload ./setupTests.ts
```

일회성 테스트가 아니라면 다음과 같이 bunfig.toml 파일을 통해 설정해주는 것을 추천합니다. 테스트를 실행할 때마다 매번 `--preload` 옵션을 명시하는 번거로움을 피할 수 있기 때문입니다.

```
[test]
preload = ["./setupTests.ts"]
```

11.10 파라미터화 테스트

테스트를 작성하는 동안 동일한 테스트 코드로 다양한 테스트 데이터를 실행하고 싶을 때가 있습니다. 이러한 테스팅 기법을 보통 **파라미터화 테스팅**(parameterized testing)이라고 합니다.

간단한 실습을 위해 2개의 문자열을 인수로 받아 애너그램(anagram) 여부를 반환해주는 함수를 작성해보겠습니다.

```ts
each.test.ts

function areAnagrams(first: string, second: string) {
  const counter: Record<string, number> = {};
  for (const ch of first) {
    counter[ch] = (counter[ch] || 0) + 1;
  }
  for (const ch of second) {
    counter[ch] = (counter[ch] || 0) - 1;
  }
  return Object.values(counter).every((cnt) => cnt == 0);
}
```

이제 `test.each()` 함수를 사용해서 파라미터화 테스트를 작성해보겠습니다. 테스트 데이터를 2차원 배열에 담아서 `test.each()` 함수의 인수로 넘기면, 배열에 대해 루프를 돌면서 각 테스트 데이터를 대상으로 테스트 함수를 호출해줍니다. 그뿐 아니라, 테스트 이름에도 테스트 데이터 값을 삽입해주기 때문에 여러 테스트 간에 구분을 용이하게 하는 데 활용할 수 있습니다.

```ts
// each.test.ts
import { expect, test } from "bun:test";

test.each([
  ["cat", "bike", false],
  ["car", "arc", true],
  ["cat", "dog", false],
  ["cat", "act", true],
])("areAnagrams(%p, %p) returns %p", (first, second, expected) => {
  expect(areAnagrams(first, second)).toBe(expected);
});
```

테스트를 실행해보면 마치 4개의 테스트 케이스가 실행된 것처럼 각 테스트 데이터에 대한 테스트 실행 결과를 볼 수 있습니다.

```
$ bun test each
bun test v1.0.25 (a8ff7be6)

src/each.test.ts:
✓ areAnagrams("cat", "bike") returns false [0.20ms]
✓ areAnagrams("car", "arc") returns true [0.01ms]
✓ areAnagrams("cat", "dog") returns false
✓ areAnagrams("cat", "act") returns true

 4 pass
 0 fail
 4 expect() calls
Ran 4 tests across 1 files. [12.00ms]
```

기존 자바스크립트 프로젝트에 Bun을 도입하기 위해서 이전에 작성된 테스트 코드를 모두 Bun의 내장 테스팅 모듈을 사용하도록 고쳐야 하는 것은 아닙니다. 4장에서 살펴본 것처럼 Bun을 통해서 npm 저장소의 모든 패키지를 내려받아서 사용할 수 있기 때문에 다른 테스팅 프레임워크를 사용해도 아무 상관이 없습니다.

현재 자바스크립트 개발 생태계에서 많이 사용되는 테스팅 프레임워크로 **Jest**나 **Vitest**를 들 수 있습니다. 페이스북에서 2016년에 출시한 Jest는 ESM 지원이 미흡한 편이지만 아직까지도 가장 높은 시장 점유율을 차지하고 있습니다. 반면에 최근에 등장한 Vitest는 처음부터 ESM 기반으로 만들어졌고 Jest보다 빠른 속도와 나은 사용자 경험으로 개발자들에게 좋은 반응을 얻고 있습니다.

자바스크립트의 대표적인 테스팅 프레임워크인 Jest와 Vitest에 대해서 더 공부하고 싶은 분들에게는 제 블로그의 아래 포스팅을 추천합니다.

- **Jest**: https://www.daleseo.com/?tag=Jest
- **Vitest**: https://www.daleseo.com/?tag=Vitest

CHAPTER 12

Bun으로 프로젝트 빌드하기

https://bun.sh/docs/bundler

대부분의 프런트엔드 프로젝트는 **번들링**(bundling) 과정을 거친 후에 애플리케이션 코드를 배포합니다. Webpack, Parcel, Rollup, Vite와 같은 번들링 도구, 즉 번들러 (bundler)는 프로젝트의 의존성 구조를 파악한 후 최적화하여 클라이언트가 내려받아야 하는 코드의 양을 획기적으로 줄여줍니다. 이를 통해, 브라우저 사용자는 프로젝트의 `node_modules` 폴더에 들어 있는 엄청난 양의 패키지 코드를 모두 내려받을 필요가 없어집니다. 따라서 좀 더 가볍고 빠른 사용자 경험을 할 수 있으며 검색 엔진 최적화 (search engine optimization, SEO)에 도움이 되고 결국은 온라인 비즈니스의 성패와 직결이 됩니다.

Bun은 사용자가 번들링 도구를 선택하고 설치하는 번거로움이 없도록 자체적으로 번

들러를 내장하고 있습니다. 그리고 Bun의 내장 번들러는 기존 번들링 도구보다 훨씬
나은 성능을 보여줍니다.

12.1 기본 프로젝트 빌드

요즘 대부분의 프런트엔드 프로젝트에서는 컴포넌트 단위로 개발이 이루어지며, 각 UI
컴포넌트는 개별 자바스크립트/타입스크립트 파일에 작성이 됩니다. 이렇게 개발 과정
에서는 코드가 여러 파일에 작성이 되지만 보통 상용에 배포를 할 때는 하나 혹은 소
수의 파일로 묶어주게 되는데, 이러한 결과물을 번들(bundle)이라고 합니다.

실습을 위해서 간단한 리액트 프로젝트에서 번들을 생성해보겠습니다. Bun으로 생성
한 빈 프로젝트에 `react`와 `react-dom` 패키지를 설치합니다.

```
$ bun add react react-dom
bun add v1.1.29 (6d43b366)

installed react@18.3.1
installed react-dom@18.3.1

[84.00ms] done
```

타입스크립트 프로젝트에서는 `@types/react`와 `@types/react-dom` 패키지도 개발 의
존성으로 설치해줘야 타입 오류가 발생하지 않을 것입니다.

```
$ bun add -d @types/react @types/react-dom
bun add v1.1.29 (6d43b366)

installed @types/react@18.3.8
installed @types/react-dom@18.3.0

[77.00ms] done
```

이렇게 생성한 프로젝트 안에 `Header.tsx`, `Footer.tsx`, `App.tsx`, `index.tsx` 파일을 작

성하겠습니다.

```
src/Header.tsx
```
```tsx
export function Header() {
  return <header>헤더</header>;
}
```

```
src/Footer.tsx
```
```tsx
export function Footer() {
  return <footer>푸터</footer>;
}
```

```
src/App.tsx
```
```tsx
import { Header } from "./Header";
import { Footer } from "./Footer";

export function App() {
  return (
    <>
      <Header />
      헬로, 번!
      <Footer />
    </>
  );
}
```

```
src/index.tsx
```
```tsx
import * as ReactDOM from "react-dom/client";
import { App } from "./App";

const rootElement = document.getElementById("root")!;
const root = ReactDOM.createRoot(rootElement);
root.render(<App />);
```

Bun의 번들러는 bun bundle 명령어를 통해서 실행할 수 있습니다. 인수로 프로젝트의 진입점을 넘기고, `--outdir` 옵션을 통해서 번들 파일을 어느 위치에 생성할지를 명시해줘야 합니다.

이 예제 프로젝트에서는 최상위 `App` 컴포넌트가 있는 `index.tsx` 파일을 진입점으로 설정합니다. 그리고 많은 프로젝트가 따르고 있는 관행에 따라서 `dist` 폴더에 번들 파일을 생성합니다.

```
$ bun build ./src/index.tsx --outdir ./dist

  ./index.js  962.71 KB

[32ms] bundle 13 modules
```

터미널에서 위와 같이 명령어를 실행한 후, 프로젝트의 `dist` 폴더를 열어보면 `index.js` 파일이 생성되어 있을 것입니다. 이것이 번들 파일이며 이 하나의 파일 안에 프로젝트의 모든 코드가 브라우저에서 바로 실행될 수 있는 형태로 변환되어 저장됩니다.

`index.js` 파일을 열어보면 우리가 TSX 문법으로 작성한 코드가 순수한 자바스크립트로 변환이 되어 저장이 되어 있는 것을 볼 수 있습니다.

```
// src/index.tsx
var ReactDOM = __toESM(require_client(), 1);

// src/Header.tsx
var jsx_dev_runtime = __toESM(require_jsx_dev_runtime(), 1);
function Header() {
  return jsx_dev_runtime.jsxDEV("header", {
    children: "\uD5E4\uB354"
  }, undefined, false, undefined, this);
}

// src/Footer.tsx
var jsx_dev_runtime2 = __toESM(require_jsx_dev_runtime(), 1);
function Footer() {
  return jsx_dev_runtime2.jsxDEV("footer", {
    children: "\uD48B\uD130"
```

```
    }, undefined, false, undefined, this);
}

// src/App.tsx
var jsx_dev_runtime3 = __toESM(require_jsx_dev_runtime(), 1);
function App() {
  return jsx_dev_runtime3.jsxDEV(jsx_dev_runtime3.Fragment, {
    children: [
      jsx_dev_runtime3.jsxDEV(Header, {}, undefined, false, undefined, this),
      "\uD5EC\uB85C, \uBC88!",
      jsx_dev_runtime3.jsxDEV(Footer, {}, undefined, false, undefined, this)
    ]
  }, undefined, true, undefined, this);
}

// src/index.tsx
var jsx_dev_runtime4 = __toESM(require_jsx_dev_runtime(), 1);
var rootElement = document.getElementById("root");
var root = ReactDOM.createRoot(rootElement);
root.render(jsx_dev_runtime4.jsxDEV(App, {}, undefined, false, undefined, this));
```

12.2 비자바스크립트 파일 불러오기

자바스크립트 프로젝트에서 JSON, 텍스트, 이미지, CSS 등과 같은 파일을 불러올 때,
마치 일반 자바스크립트 모듈을 불러오듯이 import 문을 사용하는 경우가 많습니다.
기존 번들러에서는 비(非)자바스크립트 파일을 어떻게 불러올지를 일일이 로더(loader)
를 통해서 귀찮게 설정을 해줘야 했습니다. 하지만 Bun의 번들러는 대부분의 로더가
이미 내장이 되어 있기 때문에 별다른 설정 없이도 대부분의 비자바스크립트 파일을
알아서 불러옵니다.

예를 들어 Header 컴포넌트 안에서 assets 폴더에 있는 logo.svg 파일을 불러와 이미
지로 렌더링해보겠습니다.

Header.tsx

```
import logo from "./assets/logo.svg";
```

```
export function Header() {
  return (
    <header>
      <img src={logo} />
    </header>
  );
}
```

다시 번들링을 해보면 index.js 파일뿐만 아니라 logo-<해시>.svg 파일도 생성이 되는 것을 볼 수 있습니다.

```
$ bun build ./src/index.tsx --outdir ./dist

  index.js                    962.86 KB

  logo-de3c27e489dd3809.svg   30.52 KB

[51ms] bundle 14 modules
```

index.js 파일을 열어보면 import 문으로 불러온 SVG 파일이 해당 파일이 dist 폴더 내에서 위치하는 경로로 바뀌어 있는 것을 볼 수 있습니다.

```
// assets/logo.svg
var logo_default = "./logo-de3c27e489dd3809.svg";

// src/Header.tsx
var jsx_dev_runtime = __toESM(require_jsx_dev_runtime(), 1);
function Header() {
  return jsx_dev_runtime.jsxDEV("header", {
    children: jsx_dev_runtime.jsxDEV("img", {
      src: logo_default
    }, undefined, false, undefined, this)
  }, undefined, false, undefined, this);
}
```

이번에는 Footer 컴포넌트 안에서 data 폴더에 있는 contact.json 파일을 불러와 저장된 정보를 화면에 출력해보겠습니다.

우선 `contact.json` 파일 안에는 다음과 같은 정보가 저장되어 있다고 합시다.

```json
{
  "email": "test@email.com",
  "phone": "123-4567-7890"
}
```

그리고 `Footer` 컴포넌트가 이 정보를 불러와서 출력하도록 변경해보겠습니다.

```tsx
Footer.tsx

import { email, phone } from "./data/contact.json";

export function Footer() {
 return (
   <footer>
     <dt>Email</dt>
     <dd>{email}</dd>
     <dt>Phone</dt>
     <dd>{phone}</dd>
   </footer>
 );
}
```

다시 번들러를 실행해보면 이번에는 추가된 파일이 없으나 번들 수가 14에서 15로 증가된 것을 볼 수 있습니다.

```
$ bun build ./src/index.tsx --outdir ./dist

  index.js                    963.37 KB

  logo-de3c27e489dd3809.svg   30.52 KB

[31ms] bundle 15 modules
```

index.js 파일을 열어보면 contact.json 파일에 저장되어 있던 email과 phone 정보가
일반 자바스크립트 변수에 할당이 되어 있는 것을 볼 수 있습니다.

```
// data/contact.json
var email = "test@email.com";
var phone = "123-4567-7890";

// src/Footer.tsx
var jsx_dev_runtime2 = __toESM(require_jsx_dev_runtime(), 1);
function Footer() {
 return jsx_dev_runtime2.jsxDEV("footer", {
   children: [
     jsx_dev_runtime2.jsxDEV("dt", {
       children: "Email"
     }, undefined, false, undefined, this),
     jsx_dev_runtime2.jsxDEV("dd", {
       children: email
     }, undefined, false, undefined, this),
     jsx_dev_runtime2.jsxDEV("dt", {
       children: "Phone"
     }, undefined, false, undefined, this),
     jsx_dev_runtime2.jsxDEV("dd", {
       children: phone
     }, undefined, false, undefined, this)
   ]
 }, undefined, true, undefined, this);
}
```

쉬어 가는 페이지 빌드 도구

이미 설정된 빌드 도구를 그대로 사용하면서도 충분히 프로젝트에 Bun을 도입할 수 있습니다. 즉, Bun에서 제공하는 빌드 도구를 반드시 쓸 필요는 없습니다. Bun을 통해 얻을 수 있는 성능 향상과 Bun이 제공하는 다른 기능들만으로도 Bun을 사용할 이유는 차고 넘치니까요.

현재 자바스크립트 개발 생태계에서 Webpack, Parcel, Rollup, esbuild, SWC, Vite 등 상당히 다양한 빌드 도구가 사용되고 있습니다. 그중에서도 단연 **Webpack**이 가장 널리 오랫동안 사용된 빌드 도구입니다. State of JS 2023 설문 결과를 기준으로 현재까지도 가장 많이 사용되고 있는 빌드 도구는 Webpack이지만, 최근 몇 년간 **Vite**가 무섭게 시장 점유율을 따라잡고 있습니다. Vite가 이러한 기세로 성장한다면 향후 1-2년 내에 Webpack을 넘어서지 않을까 조심스럽게 예측을 해봅니다.

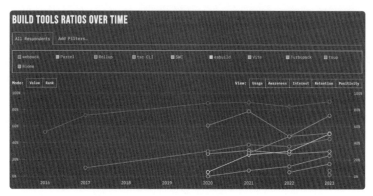

https://2023.stateofjs.com/en-US/libraries/build_tools/

자바스크립트의 대표적인 빌드 도구인 Webpack과 Vite에 대해서 더 공부하고 싶은 분들에게는 제 블로그의 아래 포스팅을 추천합니다.

- **Webpack**: https://www.daleseo.com/?tag=Webpack
- **Vite**: https://www.daleseo.com/?tag=Vite

CHAPTER 13

Bun으로 셸 스크립트 실행하기

https://x.com/t3dotgg/status/1751206995695472807

어떤 프로그래밍 언어를 사용하든 개발자가 **셸**(shell)을 조금 다룰 줄 알면 큰 도움이 됩니다. 프로그래밍 언어를 통해서 처리하기 까다로운 일들을 리눅스 운영체제와 직접 소통함으로써 적은 노력으로 해결할 수 있는 경우가 많기 때문입니다. 특히 요즘에는 소프트웨어 개발과 배포 과정이 고도로 자동화되면서 셸을 다룰 수 있는 능력이 더 빛을 발휘하게 됩니다.

Bun을 사용하면 아주 간편하게 셸 명령어를 작성하고 실행할 수 있습니다. 게다가 운영체제가 리눅스 계열인지 윈도우 계열인지를 가리지 않고 가장 많이 통용되는 bash 문법의 셸 명령어를 실행을 해줍니다. 이 말은 운영체제에 Bun만 설치되어 있다면 똑같은 문법으로 작성한 셸 명령어를 돌릴 수 있다는 것입니다. 자바스크립트의 템플릿 리터럴(template literal) 문법을 통해서 변수에 저장되어 있는 값이나 함수의 호출 결과를 쉽게 셸 명령어에 삽입할 수도 있습니다. 그뿐 아니라 셸 명령어의 실행 결과를 자바스크립트 변수에 바로 저장도 할 수 있습니다.

다시 말해서, Bun으로 셸과 자바스크립트의 경계를 자유롭게 넘나들면서 운영체제에 상관없이 실행되는 꿈의 스크립트를 짤 수가 있습니다. 그리고 이 마법은 $ 함수에서 시작됩니다.

13.1 셸 명령어 실행하기

bun으로부터 $ 함수를 불러온 후에 템플릿 리터럴 문법으로 셸 명령어를 담고 있는 문자열을 인수로 넘길 수 있습니다.

$는 비동기 함수이므로 반드시 await 키워드를 통해서 반환된 Promise 객체를 리졸브(resolve)해줘야 합니다.

예를 들어 셸의 ls 명령어로 실행하는 코드를 script.js 파일에 작성해보겠습니다.

```
script.js
import { $ } from "bun";

await $`ls`;
```

터미널에서 script.js 파일을 실행해보면, 현재 디렉터리에 있는 파일 목록이 출력이 될 것입니다.

```
$ bun run script.js
bun.lockb
node_modules
README.md
package.json
script.js
tsconfig.json
```

13.2 셀 명령어의 결과를 변수에 저장하기

Bun으로 셀 명령어를 실행하면 결과를 표준 출력, 즉 `stdout` 또는 `strerr`로 보내게 되므로 위와 같이 터미널에 출력됩니다. 하지만 실행 결과를 자바스크립트 변수에 저장하면 기존에 일반 셀 스크립트로는 불가능하던 다양한 작업을 할 수 있게 됩니다. 이를 위해서 `$` 함수가 반환하는 객체는 다양한 함수를 제공합니다.

셀 명령어의 실행 결과를 문자열로 받아오고 싶다면, `text()` 함수를 사용하면 됩니다.

```
script.js

import { $ } from "bun";

const result = await $`echo "Hello, Bun!"`.text();
console.log(result);
```

```
$ bun run script.js
Hello, Bun!
```

셀 명령어의 실행 결과가 여러 줄이라면, `lines()` 함수를 사용해서 `for await...of` 문법을 사용하여 루프를 돌 수 있습니다.

```
script.js

import { $ } from "bun";

const lines = [];
```

```
for await (let line of $`ls`.lines()) {
  lines.push(line);
}
console.log(lines);
```

```
$ bun run script.js
[ "bun.lockb", "node_modules", "README.md", "package.json", "tsconfig.json",
"index.ts", ""]
```

셀 명령어의 실행 결과가 JSON 형태라면, `json()` 함수를 사용해서 자바스크립트 객체
로 받아올 수 있습니다.

```
script.js

import { $ } from "bun";

const pkg = await $`cat package.json`.json();
console.log(pkg.devDependencies);
```

```
$ bun run script.js
{
  "@types/bun": "latest"
  eslint: "^8.57.0",
  prettier: "^3.2.5",
}
```

13.3 셀 명령어에 변수의 값을 삽입하기

자바스크립트의 템플릿 리터럴 문법을 통해서 변수에 저장되어 있는 값이나 함수의 호
출 결과를 쉽게 셀 명령어에 삽입할 수도 있습니다.

예를 들어 `package.json` 파일에서 bun이라는 문자열이 포함되어 있는 줄을 찾는 셀
스크립트를 다음과 같이 작성할 수 있습니다.

```
script.js
```
```js
import { $ } from "bun";

const search = "bun";
await $`cat package.json | grep ${search}`;
```

```
$ bun run script.js
  "name": "hello-bun",
    "@types/bun": "latest"
```

5장에서 배운 prompt() 함수를 사용하여 검색어를 터미널에서 입력받을 수도 있겠죠?

```
script.js
```
```js
import { $ } from "bun";

const search = prompt("검색어를 입력하세요.", "");
await $`cat package.json | grep ${search}`;
```

```
$ bun run script.js
검색어를 입력하세요. [] Depend
  "devDependencies": {
  "peerDependencies": {
```

13.4 오류 처리

셸 명령어가 항상 성공적으로 실행되는 것은 아니죠? 명령어가 잘못되었거나 실행할 수 없는 상황이 되면 오류가 발생합니다. 셸 명령어는 보통 종료 코드(exit code)를 통해서 오류 여부를 알려줍니다. 명령어가 정상적으로 수행된 경우에는 종료 코드가 0이 되고, 오류가 발생한 경우에는 종료 코드가 0보다 큰 숫자가 됩니다.

Bun의 $ 함수를 통해서 셸 명령어를 실행할 때는 종료 코드가 0이 아닌 경우에는 ShellError 오류가 발생합니다. 따라서 try-cacth 문법으로 오류 객체를 잡아서 처리해줄 수 있습니다.

예를 들어 이상한 URL을 가지고 `curl` 명령어를 실행하면 오류 코드가 6이 나오게 되어, 오류가 발생하는 것을 볼 수 있습니다.

```js
script.js

import { $ } from "bun";

try {
  const output = await $`curl http://abcdefgh.comcom`.text();
  console.log("정상 결과:", output);
} catch (err) {
  console.log("오류 코드:", err.exitCode);
  console.log("오류 결과:", err.stderr.toString());
}
```

```
$ bun run script.js
오류 코드: 6
오류 결과:   % Total    % Received % Xferd  Average Speed   Time    Time     Time
Current
                                 Dload  Upload   Total   Spent    Left  Speed
     0     0    0     0    0     0      0      0 --:--:-- --:--:-- --:--:--
0curl: (6) Could not resolve host: abcdefgh.comcom
```

13.5 환경 변수 설정

환경 변수는 `$.env()` 함수를 통해서 전역으로 설정할 수 있고, `$` 함수의 반환값에 대해 `env()` 함수를 호출하여, 해당 명령어를 실행할 때만 일회성으로 설정해줄 수도 있습니다.

```js
script.js

import { $ } from "bun";

$.env({ GREETING: "Hi!" });
```

```
await $`echo $GREETING`;
await $`echo $GREETING`.env({ GREETING: "Hello!" });
```

```
$ bun run script.js
Hi!
Hello!
```

13.6 실행 경로 변경

셸 스크립트를 현재 파일이 있는 경로가 아닌 다른 경로에서 실행하고 싶다면 change working directory를 의미하는 $.cwd() 함수를 통해서 실행 경로를 바꿔줄 수 있습니다. 실행 경로를 바꾼 후에 print working directory를 의미하는 셸의 pwd 명령어를 실행해보면 변경된 경로가 출력될 것입니다. $ 함수의 반환값에 대해 cwd() 함수를 호출하면 해당 명령어만 일회성으로 다른 경로에서 실행할 수 있습니다.

```
script.js
import { $ } from "bun";

await $`pwd`;
$.cwd("/tmp");
await $`pwd`;
await $`pwd`.cwd("/etc");
```

```
$ bun run script.js
/Users/daleseo/Temp/hello-bun
/tmp
/etc
```

쉬어 가는 페이지 셸의 리다이렉션

Bun의 `$` 함수는 `<`, `>`, `>>`와 같은 **리다이렉션**(redirection)을 위한 연산자도 지원합니다. 즉, 셸 명령어의 실행 결과를 특정 파일에 바로 저장도 할 수 있고, 반대로 어떤 파일의 내용을 셸 명령어의 입력으로도 사용할 수 있습니다.

예를 들어, 먼저 아래와 같이 `date` 명령어의 실행 결과를 파일에 저장할 수 있습니다.

```
import { $ } from "bun";

await $`date > redirection.txt`;
```

또한 아래와 같이 파일의 내용을 읽어서 `cat` 명령어의 입력으로 보낼 수도 있습니다.

```
import { $ } from "bun";

await $`cat < redirection.txt`;
```

셸의 리다이렉션을 사용하는 방법에 대해서는 제 블로그에서 자세히 다루고 있으니 아래 포스팅을 참고해주세요.

- https://www.daleseo.com/shell-redirection/

CHAPTER 14

Bun으로 REST API 실전 개발하기

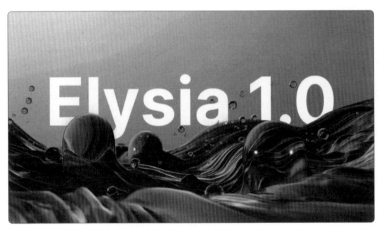

https://elysiajs.com/blog/elysia-10.html

Bun을 사용하여 6장에서 CLI 도구를 개발하고 7장에서 HTTP 서버를 개발해보았습니다. 10장에서는 내장 DB인 SQLite를 사용해보고, 11장에서는 Bun으로 테스트하는 방법을 배웠으며, 13장에서는 셸 스크립트도 작성해보았습니다. 여기까지 읽었다면 왜 Bun이 올인원 개발 키트라고 불리는지 피부로 느껴지지 않나요?

이번 장에서는 앞서 배운 지식을 총 동원하여 실제 백엔드 프로젝트에서 많이 개발하는 REST API를 구현하고, 이 API를 이용하는 간단한 터미널 클라이언트를 개발해보려고 합니다.

비교적 간단하면서도 실제 프로젝트에서 만날 법한 예제를 위해서 할 일(to-do) 관리를 위한 API를 구현해보겠습니다. 개발 생산성을 위해서 데이터베이스는 Bun에 내장된 SQLite를 사용하고, 효과적인 라우팅 처리를 위해서 Bun에서 가장 많이 사용되고 있는 **Elysia** 프레임워크를 사용하도록 하겠습니다.

14.1 데이터베이스

할 일 데이터를 효과적으로 관리하려면 우선적으로 할 일 데이터를 저장하기 위해서 데이터베이스가 필요할 텐데, 이를 위해 `tasks-database.ts` 파일에 데이터베이스 관련 코드를 작성하겠습니다.

우선 `tasks.db` 파일에 데이터를 저장하는 SQLite 데이터베이스 객체를 만들고, 숫자형 칼럼 `id`와 문자형 칼럼 `title`으로 구성된 `tasks` 테이블을 생성합니다.

```
tasks-database.ts

import { Database } from "bun:sqlite";

export const taskDatabase = new Database("tasks.db");
taskDatabase.exec(
  "CREATE TABLE IF NOT EXISTS tasks (id INTEGER PRIMARY KEY, title TEXT)"
);
```

14.2 비즈니스 로직 구현

할 일 관리의 핵심 비즈니스는 할 일을 생성, 수정, 삭제하고 조회하는 것입니다. `tasks-service.ts` 파일에 비즈니스 로직을 작성하겠습니다.

`tasks` 테이블을 대상으로 소위 CRUD(create, read, update, delete) 작업을 수행해주는 `TaskService` 클래스를 선언합니다. `TaskService` 클래스 안에 다음 5개의 메서드를 구현합니다.

- **findTasks()**: 모든 할 일을 조회합니다.

- **createTask()**: 신규 할 일을 생성합니다.

- **findTask**: 기존 할 일을 조회합니다.

- **deleteTask()**: 기존 할 일을 제거합니다.

- **updateTask()**: 기존 할 일을 수정합니다.

```ts
tasks-service.ts

import { Database } from "bun:sqlite";

type Task = {
  id: number;
  title: string;
};

export class TaskService {
  constructor(private readonly db: Database) {}

  findTasks() {
    const selectMany = this.db.query("SELECT * FROM tasks");
    return selectMany.all();
  }

  createTask(task: Omit<Task, "id">) {
    const insert = this.db.query("INSERT INTO tasks (title) VALUES (?)");
    insert.run(task.title);
  }

  findTask(id: number) {
    const selectOne = this.db.query("SELECT * FROM tasks WHERE id = ?");
    return selectOne.get(id);
  }

  deleteTask(id: number) {
    const remove = this.db.prepare("DELETE FROM tasks WHERE id = ?");
    remove.run(id);
  }

  updateTask(id: number, task: Omit<Task, "id">) {
```

```
      const update = this.db.prepare("UPDATE tasks SET title = ? WHERE id = ?");
      update.run(task.title, id);
  }
}
```

14.3 비즈니스 로직 테스트

`tasks-service.test.ts` 파일에 앞에서 구현한 비즈니스 로직을 테스트하기 위한 코드를 작성하겠습니다.

일반적으로 테스트 코드는 실제 데이터베이스를 대상으로 실행하지 않습니다. 실제 데이터베이스를 사용하면 속도가 느릴뿐더러, 테스트 과정에서 변경된 데이터가 반영되어 비즈니스 데이터에 영향을 줄 수 있기 때문입니다. 그러므로 우리는 가볍고 빠르지만 저장된 데이터가 유지되지 않는 메모리 기반 데이터베이스를 사용하도록 하겠습니다.

비즈니스 로직을 수행하는 `TaskService` 클래스의 각 메서드에 대한 테스트는 기본적으로 메서드를 호출한 후에 예상했던 데이터 변경이 일어났는지를 데이터베이스를 통해서 확인해주면 됩니다.

- `beforeEach()`과 `afterEach()` 함수를 사용하여 각 테스트가 실행되기 전과 후에 공통적으로 수행되어야 하는 로직을 명시합니다. 테스트 간에 데이터를 재사용하여 부작용이 일어나지 않도록 `beforeEach()` 함수로 `tasks` 테이블에 세 개의 할 일 레코드를 삽입하고, `afterEach()` 함수로 모든 할 일 레코드를 지웁니다.
- `findTasks()` 메서드에 대한 테스트는 할 일이 총 3건 저장되어 있는지 검증합니다.
- `createTask()` 메서드에 대한 테스트는 새로운 할 일을 등록할 수 있는지 검증합니다.
- `findTask()` 메서드에 대한 테스트는 특정 할 일이 조회되는지 검증합니다.
- `deleteTask()` 메서드에 대한 테스트는 특정 할 일을 삭제할 수 있는지 검증합니다.
- `updateTask()` 메서드에 대한 테스트는 특정 할 일을 수정할 수 있는지 검증합니다.

```ts
import { afterEach, beforeEach, expect, test } from "bun:test";
import { Database } from "bun:sqlite";
import { TaskService } from "./tasks-service";

const db: Database = new Database();
db.exec("CREATE TABLE tasks (id INTEGER PRIMARY KEY, title TEXT)");
let service: TaskService;

beforeEach(() => {
  db.exec("INSERT INTO tasks (title) VALUES ('먹기'), ('자기'), ('놀기')");
  service = new TaskService(db);
});

afterEach(() => {
  db.exec("DELETE FROM tasks");
});

test("findTasks", () => {
  const tasks = service.findTasks();

  expect(tasks).toHaveLength(3);
});

test("findTask", () => {
  const task = service.findTask(2);

  expect(task).toEqual({
    id: 2,
    title: "자기",
  });
});

test("createTask", () => {
  service.createTask({ title: "코딩" });

  expect(db.query("SELECT * FROM tasks").all()).toHaveLength(4);
  expect(db.query("SELECT * FROM tasks WHERE id = 4").get()).toEqual({
    id: 4,
    title: "코딩",
  });
});
```

```
test("deleteTask", () => {
  service.deleteTask(2);

  expect(db.query("SELECT * FROM tasks").all()).toHaveLength(2);
  expect(db.query("SELECT * FROM tasks WHERE id = 2").get()).toBeNull();
});

test("updateTask", () => {
  expect(db.query("SELECT * FROM tasks WHERE id = 2").get()).toHaveProperty(
    "title",
    "자기"
  );

  service.updateTask(2, { title: "코딩" });

  expect(db.query("SELECT * FROM tasks WHERE id = 2").get()).toHaveProperty(
    "title",
    "코딩"
  );
});
```

다음과 같이 작성한 테스트가 모두 통과한다면 다음 단계로 넘어갈 수 있습니다.

```
$ bun test tasks-service
bun test v1.1.29 (6d43b366)

tasks-service.test.ts:
✓ findTasks
✓ findTask [0.11ms]
✓ createTask [0.06ms]
✓ deleteTask [0.06ms]
✓ updateTask [0.06ms]

 5 pass
 0 fail
 8 expect() calls
Ran 5 tests across 1 files. [14.00ms]
```

14.4 REST API 구현

REST API 라우팅은 일반 웹사이트에 비해서 복잡한 편입니다. HTTP의 `GET`, `POST` 방식뿐만 아니라 `DELETE`나 `PUT`, `PATCH`과 같은 방식도 지원해야 하고, 경로 파라미터(path parameter)도 사용되기 때문입니다. 따라서 `Bun.serve()` 함수를 사용하는 것보다는 Elysia와 같이 이러한 서버 개발에 특화되어 있는 프레임워크를 사용하는 것이 유리합니다.

Elysia를 사용하려면 우선 `elysia` 패키지를 프로젝트에 설치해야 합니다.

```
$ bun add elysia
bun add v1.1.29 (6d43b366)

installed elysia@1.1.16

1 package installed [6.00ms]
```

`tasks-api.ts` 파일에 5개의 API를 구현하겠습니다. 앞서 작성한 `taskDatabase` 객체와 `TaskService` 클래스를 불러온 후, `TaskService` 생성자의 인수로 `taskDatabase` 객체를 넘겨 인스턴스를 생성하면 비즈니스 로직을 수행하는 메서드를 호출할 수 있게 됩니다.

```ts
tasks-api.ts

import { Elysia, t } from "elysia";
import { taskDatabase } from "./tasks-database";
import { TaskService } from "./tasks-service";

const service = new TaskService(taskDatabase);

export const app = new Elysia()
  .get("/tasks", () => service.findTasks())
  .post(
    "/tasks",
    ({ body: task }) => {
      service.createTask(task);
      return new Response("task created", { status: 201 });
    },
```

```
  { body: t.Object({ title: t.String() }) }
)
.get("/tasks/:id", ({ params: { id } }) => {
  const task = service.findTask(+id);
  if (task) return task;
  return new Response("task not found", { status: 404 });
})
.delete("/tasks/:id", ({ params: { id } }) => {
  service.deleteTask(+id);
  return new Response("task deleted", { status: 204 });
})
.put(
  "/tasks/:id",
  ({ params: { id }, body: task }) => {
    service.updateTask(+id, task);
    return new Response("task updated", { status: 200 });
  },
  { body: t.Object({ title: t.String() }) }
);
```

Elysia의 수려한 API를 사용하여 다음 5개의 엔드포인트(endpoint)를 구현했습니다.

- **GET /tasks**: 할 일 목록을 조회합니다.
- **POST / tasks**: 할 일을 생성합니다.
- **GET /tasks/:id**: 할 일을 조회합니다.
- **DELETE /tasks/:id**: 할 일을 삭제합니다.
- **PUT /tasks/:id**: 할 일을 수정합니다.

TaskService 클래스의 메서드와 REST API의 엔드포인트가 1:1로 대응한다고 보면 됩니다.

14.5 REST API 테스트

앞에서 구현한 REST API를 테스트하기 위한 코드를 `tasks-api.test.ts` 파일에 작성하겠습니다.

비즈니스 로직에 대한 테스트는 이미 했으니, API에 대한 테스트를 작성할 때는 비즈니스 로직을 실행하는 메서드를 spyOn() 함수를 사용해서 모킹을 해주겠습니다.

각 API 엔드포인트에 대한 테스트는 기본적으로 해당 엔드포인트로 요청을 보낸 후에 예상했던 응답이 돌아오는지를 확인해주면 됩니다. 또한, 스파잉하고 있는 비즈니스 메서드가 정확하게 호출되었는지도 검증해주면 좋습니다.

Bun 위에서 돌아가는 Elysia 프레임워크도 웹 표준 API인 Request와 Response 클래스를 지원하므로 마치 브라우저에서 API를 호출하는 것처럼 자연스럽게 테스트 코드를 짤 수 있습니다. 코드 중 createTask 등에서 mockImplementation() 함수를 실행하는 이유는 실제 DB의 데이터를 수정하지 않기 위해서입니다.

```ts
// tasks-api.test.ts
import { expect, spyOn, test } from "bun:test";
import { app } from "./tasks-api";
import { TaskService } from "./tasks-service";

test("GET /tasks", async () => {
  const findTasks = spyOn(TaskService.prototype, "findTasks");
  findTasks.mockReturnValue([
    { id: 1, title: "먹기" },
    { id: 2, title: "자기" },
  ]);

  const response = await app.handle(new Request("http://localhost/tasks"));
  expect(response.status).toBe(200);

  const tasks = await response.json();
  expect(tasks).toHaveLength(2);
  expect(findTasks).toHaveBeenCalledTimes(1);
  expect(findTasks).toHaveBeenCalledWith();
});

test("POST /tasks", async () => {
  const createTask = spyOn(TaskService.prototype, "createTask");
  createTask.mockImplementation(() => {});
```

```
  const response = await app.handle(
    new Request("http://localhost/tasks", {
      method: "POST",
      headers: {
        "Content-Type": "application/json;charset=utf-8",
      },
      body: JSON.stringify({ title: "노래하기" }),
    })
  );

  expect(response.status).toBe(201);
  expect(response.text()).resolves.toEqual("task created");
  expect(createTask).toHaveBeenCalledTimes(1);
  expect(createTask).toHaveBeenCalledWith({ title: "노래하기" });
});

test("GET /tasks/:id", async () => {
  const findTask = spyOn(TaskService.prototype, "findTask");
  findTask.mockReturnValue({
    id: 3,
    title: "놀기",
  });

  const response = await app.handle(new Request("http://localhost/tasks/3"));

  expect(response.status).toBe(200);
  expect(response.json()).resolves.toEqual({ id: 3, title: "놀기" });
  expect(findTask).toHaveBeenCalledTimes(1);
  expect(findTask).toHaveBeenCalledWith(3);
});

test("DELETE /tasks/:id", async () => {
  const deleteTask = spyOn(TaskService.prototype, "deleteTask");
  deleteTask.mockImplementation(() => {});

  const response = await app.handle(
    new Request("http://localhost/tasks/3", {
      method: "DELETE",
    })
  );

  expect(response.status).toBe(204);
  expect(response.text()).resolves.toEqual("task deleted");
```

```
    expect(deleteTask).toHaveBeenCalledTimes(1);
    expect(deleteTask).toHaveBeenCalledWith(3);
});

test("PUT /tasks/:id", async () => {
  const updateTask = spyOn(TaskService.prototype, "updateTask");
  updateTask.mockImplementation(() => {});

  const response = await app.handle(
    new Request("http://localhost/tasks/3", {
      method: "PUT",
      headers: {
        "Content-Type": "application/json;charset=utf-8",
      },
      body: JSON.stringify({ title: "춤추기" }),
    })
  );

  expect(response.status).toBe(200);
  expect(response.text()).resolves.toEqual("task updated");
  expect(updateTask).toHaveBeenCalledTimes(1);
  expect(updateTask).toHaveBeenCalledWith(3, { title: "춤추기" });
});
```

테스트 코드를 실행하면 다음과 같이 모두 통과를 해야 합니다.

```
$ bun test tasks-api
bun test v1.1.29 (6d43b366)

tasks-api.test.ts:
✓ GET /tasks [2.99ms]
✓ POST /tasks [3.36ms]
✓ GET /tasks/:id [0.30ms]
✓ DELETE /tasks/:id [0.65ms]
✓ PUT /tasks/:id [0.12ms]

 5 pass
 0 fail
 20 expect() calls
Ran 5 tests across 1 files. [40.00ms]
```

또한 실행 결과로 `tasks.db` 파일도 생성되었을 텐데, DB의 내용은 실제로는 비어 있을 것입니다.

14.6 서버 진입점 구현

마지막으로 `index.ts` 파일에 REST API를 제공하는 서버를 띄우기 위한 코드를 작성하도록 하겠습니다. `tasks-api.ts` 파일에서 구현한 Elysia 앱에 대해 `listen()` 함수만 호출해주면 HTTP 서버가 구동됩니다.

```
index.ts
import { app } from "./tasks-api";

app.listen(3000, (app) => {
  console.log(`Listening on http://${app.hostname}:${app.port}`);
});
```

이제 Bun으로 `index.ts` 파일을 실행해보면, 터미널에 메시지가 출력이 될 것입니다.

```
$ bun run index.ts
Listening on http://localhost:3000
```

14.7 API 서버 직접 테스트

구동한 REST API 서버에 HTTP 요청을 보내면 정상적으로 응답이 오는지를 직접 테스트를 해보겠습니다.

`curl` 명령어를 사용하여 우선 `GET /tasks` 엔드포인트를 찔러보면 빈 배열이 응답으로 옵니다. 데이터베이스에 저장된 할 일 데이터가 없기 때문입니다.

```
$ curl http://localhost:3000/tasks -i -X GET
HTTP/1.1 200 OK
Content-Type: application/json;charset=utf-8
Date: Fri, 05 Jul 2024 00:58:47 GMT
Content-Length: 2

[]%
```

POST /tasks 엔드포인트를 호출하여 3건의 할 일을 생성하겠습니다. Content-Type 헤더에 JSON 형태로 데이터를 보낸다고 명시해주고, 요청 바디에 데이터를 실어 송신합니다. 할 일이 문제없이 등록되면 응답 코드 201이 수신될 것입니다.

```
$ curl http://localhost:3000/tasks -i -H 'Content-Type: application/
json;charset=utf-8' -X POST -d '{ "title": "놀기" }'
HTTP/1.1 201 Created
content-type: text/plain;charset=utf-8
Date: Fri, 05 Jul 2024 01:02:13 GMT
Content-Length: 12

task created%
$ curl http://localhost:3000/tasks -i -H 'Content-Type: application/
json;charset=utf-8' -X POST -d '{ "title": "먹기" }'
HTTP/1.1 201 Created
content-type: text/plain;charset=utf-8
Date: Fri, 05 Jul 2024 01:02:16 GMT
Content-Length: 12

task created%
$ curl http://localhost:3000/tasks -i -H 'Content-Type: application/
json;charset=utf-8' -X POST -d '{ "title": "자기" }'
HTTP/1.1 201 Created
content-type: text/plain;charset=utf-8
Date: Fri, 05 Jul 2024 01:02:21 GMT
Content-Length: 12

task created%
```

다시 GET /tasks 엔드포인트를 찔러보면 3건의 할 일이 담긴 배열이 반환됩니다. 데이터베이스에 할 일 데이터가 잘 생성되었다는 뜻입니다.

```
$ curl http://localhost:3000/tasks -i -X GET
HTTP/1.1 200 OK
Content-Type: application/json;charset=utf-8
Date: Fri, 05 Jul 2024 01:05:02 GMT
Content-Length: 79

[{"id":1,"title":"놀기"},{"id":2,"title":"먹기"},{"id":3,"title":"자기"}]%
```

이번에는 할 일을 수정해볼까요? `PUT /tasks/:id` 엔드포인트를 호출하여 비슷한 방식
으로 변경할 데이터를 보내면 됩니다. 데이터를 생성할 때와 비슷하게 JSON 형태로 데
이터를 송신합니다.

```
$ curl http://localhost:3000/tasks/3 -i -H 'Content-Type: application/
json;charset=utf-8' -X PUT -d '{ "title": "코딩" }'
HTTP/1.1 200 OK
content-type: text/plain;charset=utf-8
Date: Fri, 05 Jul 2024 01:08:31 GMT
Content-Length: 12

task updated%
```

`GET /tasks/:id` 엔드포인트를 호출하여 방금 변경된 내용을 바로 확인해볼 수 있습니다.

```
$ curl http://localhost:3000/tasks/3 -i -X GET
HTTP/1.1 200 OK
Content-Type: application/json;charset=utf-8
Date: Fri, 05 Jul 2024 01:10:32 GMT
Content-Length: 31

{"id":3,"title":"코딩"}%
```

변경된 할 일을 `DELETE /tasks/:id` 엔드포인트를 호출 삭제해보겠습니다. 204 상태 코
드가 응답되면 정상적으로 삭제가 되었다는 뜻입니다.

```
$ curl http://localhost:3000/tasks/3 -i -X DELETE
HTTP/1.1 204 No Content
content-type: text/plain;charset=utf-8
Date: Fri, 05 Jul 2024 01:11:37 GMT
Content-Length: 12
```

GET /tasks/:id 엔드포인트를 다시 호출해보면 해당 데이터가 없어서 404 상태 코드가
응답될 것입니다.

```
$ curl http://localhost:3000/tasks/3 -i -X GET
HTTP/1.1 404 Not Found
content-type: text/plain;charset=utf-8
Date: Fri, 05 Jul 2024 01:12:46 GMT
Content-Length: 14

task not found%
```

14.8 API 서버 테스트 스크립트

매번 API 서버를 터미널에서 직접 테스트하려면 매우 번거롭겠죠? 자동화 테스트를 위
해서 tasks-script.js 파일에 Bun에서 제공하는 $ 함수를 활용하여 셸 스크립트를
하나 짜보겠습니다.

앞에서 curl 명령어를 사용하여 일일이 수동으로 진행한 작업을 그대로 tasks-
script.js 파일에 스크립트로 옮길 수 있습니다. 결과가 필요 없는 경우 >/dev/null을
통해서 리다이렉션해줍니다. 결과가 필요한 경우에는 json()이나 text() 함수를 사용
하여 배열/객체나 문자열로 변환한 후 변수에 저장해서 자바스크립트 코드에서 활용
할 수 있습니다.

tasks-script.js

```
import { $ } from "bun";
```

```
await $`curl http://localhost:3000/tasks -H 'Content-Type: application/
json;charset=utf-8' -s -X POST -d '{ "title": "놀기" }' >/dev/null`;
await $`curl http://localhost:3000/tasks -H 'Content-Type: application/
json;charset=utf-8' -s -X POST -d '{ "title": "자기" }' >/dev/null`;
await $`curl http://localhost:3000/tasks -H 'Content-Type: application/
json;charset=utf-8' -s -X POST -d '{ "title": "먹기" }' >/dev/null`;

const tasks = await $`curl http://localhost:3000/tasks -X GET`.json();
if (tasks.length >= 3) {
  console.log("✅ 할 일이 생성되었습니다.");
} else {
  throw Error("🚨 할 일이 생성되지 않았습니다.");
}

const lastId = Math.max(...tasks.map((task) => task.id));

const foundTask =
  await $`curl http://localhost:3000/tasks/${lastId} -s -X GET`.json();
if (foundTask.title == "먹기") {
  console.log("✅ 할 일이 조회되었습니다.");
} else {
  throw Error("🚨 할 일이 조회되지 않았습니다.");
}

await $`curl http://localhost:3000/tasks/${lastId} -H 'Content-Type: application/
json;charset=utf-8' -s  -X PUT -d '{ "title": "코딩" }' >/dev/null`;

const updatedTask =
  await $`curl http://localhost:3000/tasks/${lastId} -s -X GET`.json();
if (updatedTask.title == "코딩") {
  console.log("✅ 할 일이 수정되었습니다.");
} else {
  throw Error("🚨 할 일이 수정되지 않았습니다.");
}

await $`curl http://localhost:3000/tasks/${lastId} -s -X DELETE`;

const message =
  await await $`curl http://localhost:3000/tasks/${lastId} -s -X GET`.text();
if (message == "task not found") {
  console.log("✅ 할 일이 삭제되었습니다.");
} else {
  throw Error("🚨 할 일이 삭제되지 않았습니다.");
```

```
}
```

터미널에서 Bun으로 `tasks-script.js` 파일을 실행해보면 API 호출을 통해서 할 일이
생성, 조회, 수정, 삭제되는지 아주 간편하게 테스트해볼 수 있습니다.

```
$ bun run tasks-script.js
☑ 할 일이 생성되었습니다.
☑ 할 일이 조회되었습니다.
☑ 할 일이 수정되었습니다.
☑ 할 일이 삭제되었습니다.
```

14.9 터미널 클라이언트

API 서버가 완료되었으니 터미널에서 돌아가는 간단한 클라이언트를 만들어보면 재미
있을 것 같습니다.

우선 사용자에게 L, N, U, D, 0 중 하나의 명령어를 입력받아서, 각각 목록, 생성, 수정, 삭
제, 종료 처리를 해주는 분기문을 `tasks-cli.ts` 파일에 작성합니다. 각 분기문 안에서
는 해당 명령어 대응하는 함수를 호출합니다.

```ts
tasks-cli.ts

alert(">> 할 일 관리 프로그램을 시작합니다.");
while (true) {
  const command = prompt(
    ">> 명령어를 입력하세요. 목록(L), 생성(N), 수정(U), 삭제(D), 종료(0):"
  );
  if (!command?.trim() || "LNDU".includes(command.toLowerCase())) {
    console.log("잘못 입력하셨습니다!");
  } else if (command.toUpperCase() == "L") {
    await listTasks();
  } else if (command.toUpperCase() == "N") {
    await createTask();
  } else if (command.toUpperCase() == "D") {
    await deleteTask();
```

```
  } else if (command.toUpperCase() == "U") {
    await updateTask();
  } else {
    const done = confirm(">> 프로그램을 종료할까요?");
    if (done) break;
  }
}
```

각 작업을 처리해주는 4개의 함수는 그 아래 작성하겠습니다. `fetch()` 함수를 사용하여 각 작업에 필요한 API 엔드포인트를 호출하고 그 결과를 콘솔에 출력해주면 됩니다.

```
tasks-cli.ts
async function listTasks() {
  const response = await fetch("http://localhost:3000/tasks");
  const tasks: Array<{ id: number; title: string }> = await response.json();
  tasks.forEach(({ id, title }) => {
    console.log(`${id}: ${title}`);
  });
}

async function createTask() {
  const title = prompt(">> 할 일을 입력하세요:");
  if (!title?.trim()) return console.log("아무 값도 입력하지 않으셨습니다!");

  await fetch("http://localhost:3000/tasks", {
    method: "POST",
    headers: {
      "Content-Type": "application/json;charset=utf-8",
    },
    body: JSON.stringify({ title }),
  });
  console.log("할 일이 등록되었습니다.");
}

async function deleteTask() {
  const id = prompt(">> 할 일 ID를 입력하세요:");
  if (!id?.trim()) return console.log("아무 값도 입력하지 않으셨습니다!");

  await fetch(`http://localhost:3000/tasks/${id}`, {
    method: "DELETE",
```

```
  });
  console.log("할 일이 삭제되었습니다.");
}

async function updateTask() {
  const id = prompt(">> 할 일 ID를 입력하세요:");
  if (!id?.trim()) return console.log("아무 값도 입력하지 않으셨습니다!");
  const title = prompt(">> 할 일을 입력하세요:");
  if (!title?.trim()) return console.log("아무 값도 입력하지 않으셨습니다!");

  await fetch(`http://localhost:3000/tasks/${id}`, {
    method: "PUT",
    headers: {
      "Content-Type": "application/json;charset=utf-8",
    },
    body: JSON.stringify({ title }),
  });
  console.log("할 일이 수정되었습니다.");
}
```

그럼 터미널 클라이언트를 함께 테스트해볼까요? 우선 API 서버를 혹시 껐다면 다시 실행해야 합니다.

```
$ bun run index.ts
Listening on http://localhost:3000
```

이제 새로운 터미널 창에서 Bun으로 tasks-cli.ts 파일을 실행하면 프로그램의 시작을 알리며 제일 먼저 엔터 키를 치라고 뜰 것입니다.

```
$ bun run tasks-cli.ts
>> 할 일 관리 프로그램을 시작합니다. [Enter]
```

명령어를 입력하라고 뜨면 L을 입력해봅니다. 3건의 할 일이 나열됩니다.

```
>> 명령어를 입력하세요. 목록(L), 생성(N), 수정(U), 삭제(D), 종료(0): L
1: 놀기
```

```
2: 자기
3: 먹기
```

옵션 N을 입력하면 새로운 할 일을 입력할 수 있습니다. 할 일을 생성 후에 다시 L을 눌러보면 4번째 할 일이 보일 것입니다.

```
>> 명령어를 입력하세요. 목록(L), 생성(N), 수정(U), 삭제(D), 종료(0): N
>> 할 일을 입력하세요: 코딩
할 일이 등록되었습니다.
>> 명령어를 입력하세요. 목록(L), 생성(N), 수정(U), 삭제(D), 종료(0): L
1: 놀기
2: 자기
3: 먹기
4: 코딩
```

옵션 U를 입력하면 기존 할 일을 수정할 수 있습니다. 세 번째 할 일을 선택한 후, 먹기에서 운동으로 변경을 합니다.

```
>> 명령어를 입력하세요. 목록(L), 생성(N), 수정(U), 삭제(D), 종료(0): U
>> 할 일 ID를 입력하세요: 3
>> 할 일을 입력하세요: 운동
할 일이 수정되었습니다.
>> 명령어를 입력하세요. 목록(L), 생성(N), 수정(U), 삭제(D), 종료(0): L
1: 놀기
2: 자기
3: 운동
4: 코딩
```

옵션 D로는 기존 할 일을 삭제할 수 있습니다. 두 번째 할 일을 삭제하겠습니다.

```
>> 명령어를 입력하세요. 목록(L), 생성(N), 수정(U), 삭제(D), 종료(0): D
>> 할 일 ID를 입력하세요: 2
할 일이 삭제되었습니다.
>> 명령어를 입력하세요. 목록(L), 생성(N), 수정(U), 삭제(D), 종료(0):  L
1: 놀기
3: 운동
```

옵션 **0**을 입력하면 프로그램을 종료할지를 확인하는 메시지가 뜰 것입니다. 여기서 **y**를 입력하면 프로그램에서 나가게 됩니다.

```
>> 명령어를 입력하세요. 목록(L), 생성(N), 수정(U), 삭제(D), 종료(0): 0
>> 프로그램을 종료할까요? [y/N]  y
```

쉬어 가는 페이지 Elysia에 대해서

Bun 생태계에서 Elysia 프레임워크는, 마치 익스프레스 프레임워크가 Node.js 생태계에서 담당했던 역할을 하고 있습니다. 물론 간단한 서버를 개발할 때는 Bun에서 제공하는 HTTP 서버만으로도 충분할 때가 많지만, Elysia 프레임워크를 사용하면 서버를 개발할 때 일반적인 필요한 기능들을 제공해주기 때문에, 비즈니스 로직 구현에만 집중할 수 있다는 장점이 있으며, 이는 곧 개발 생산성 향상으로 이어집니다.

아래 벤치마크 결과를 보면 Elysia는 익스프레스보다 초당 21배 많은 요청을 처리하는 것으로 알려져 있습니다. 너무 단순화해서 얘기하는 것일 수도 있지만, Node.js에서 20개의 익스프레스 서버 인스턴스로 처리할 수 있는 트래픽을, Bun에서는 1개의 Elysia 서버 인스턴스로 처리할 수 있다는 얘기입니다. 단순히 런타임과 프레임워크를 바꿔서 이 정도 성능 향상을 이룰 수 있다니, 정말 매력적인 조합이 아닐 수 없습니다.

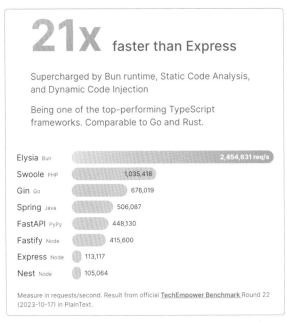

https://elysiajs.com/

Elysia에 대해서는 제가 블로그에서 좀 더 자세히 다루고 있으니 아래 포스팅을 참고 바라겠습니다.

- https://www.daleseo.com/elysia

CHAPTER 15

Bun이 제공하는 유틸리티

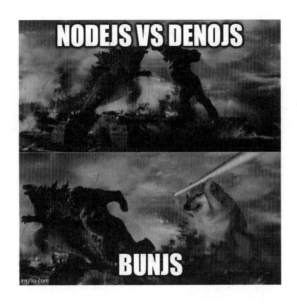

축하합니다! 이 책을 여기까지 읽었다면 Bun을 실제 자바스크립트 프로젝트에서 활용할 수 있는 충분한 지식을 습득했을 거라고 생각합니다. 마지막 부록으로는 Bun에서 제공하는 편리한 유틸리티를 살펴보려고 합니다. 알아두면 소프트웨어 개발을 하면서 분명히 요긴하게 쓸 일이 있을 것입니다.

15.1 실행 지연

프로그래밍을 하다 보면 다양한 이유로 프로그램의 실행을 잠시 멈추거나 일정 시간 동안 실행을 지연시키고 싶을 때가 있습니다. 그래서 다른 많은 프로그래밍 언어에서 이러한 API를 쉽게 찾아볼 수 있습니다. 예를 들어 자바에서는 `Thread.sleep()` 함수, 파이썬에서는 `time.sleep()` 함수를 통해서 이렇게 의도된 지연을 줄 수가 있습니다. 하지만 자바스크립트에서는 비슷한 API가 없어서 `Promise` 클래스와 `setTimeout()` 함수로 이러한 지연을 흉내 내야 했습니다.

```
sleep.ts
console.log("프로그램 시작");
await new Promise((r) => setTimeout(r, 2_000)).then(() =>
  console.log("2초 뒤, 실행 재개")
);
```

```
$ bun sleep.ts
프로그램 시작
2초 뒤, 다시 실행
```

위와 같은 반복적인 보일러플레이트(boilerplate) 코드를 제거하기 위해서, npm 저장소로부터 `waait`와 같은 라이브러리를 내려받아서 사용하는 일도 많았죠.

```
$ bun add waait
bun add v1.1.29 (6d43b366)

installed waait@1.0.5

1 package installed [480.00ms]
```

이런 라이브러리를 사용하면 좀 더 간결한 코드로 비슷한 지연 효과를 얻을 수 있기 때문입니다.

```
sleep.ts
```
```
import wait from "waait";

console.log("프로그램 시작");
await wait(2_000);
console.log("2초 뒤, 다시 실행");
```

```
$ bun sleep.ts
프로그램 시작
2초 뒤, 다시 실행
```

이러한 자바스크립트 개발자의 오래된 애로사항을 덜어주기 위해서 Bun은 프로그램의 실행을 지연시킬 수 있는 API를 제공합니다.

Bun.sleep() 함수를 사용하면 여태까지 했던 것처럼 비동기(asynchronous) 방식으로 프로그램의 실행을 지연해줍니다.

```
sleep.ts
```
```
console.log("프로그램 시작");
await Bun.sleep(2_000);
console.log("2초 뒤, 다시 실행");
```

```
$ bun sleep.ts
프로그램 시작
2초 뒤, 다시 실행
```

동기(synchronous) 방식으로 프로그램의 실행을 잠시 멈추고 싶을 때는 Bun.sleepSync() 함수를 사용하면 됩니다.

```
sleep.ts
```
```
console.log("프로그램 시작");
Bun.sleepSync(2_000);
console.log("2초 뒤, 다시 실행");
```

```
$ bun sleep.ts
프로그램 시작
2초 뒤, 다시 실행
```

Bun.sleep() 함수와 Bun.sleepSync() 함수는 사용법만 보면 비슷한 것 같지만 성능적인 측면에서 중요한 차이가 있습니다. 싱글 스레드에서 실행되는 자바스크립트에서 동기 방식으로 프로그램의 실행을 멈추면 애플리케이션은 그 시간 동안 아무것도 할 수 없는 상태가 됩니다. 예를 들어 브라우저 환경에서 UI나 이벤트 처리 시에 이렇게 동기 지연을 걸면 사용자는 웹사이트가 응답하지 않는다고 생각하게 될 것입니다.

따라서 Bun.sleepSync() 함수는 테스트 환경에서 병목 현상을 의도적으로 시뮬레이션하는 등 극히 제한된 용도로만 써야 하며 상용 환경에서는 가급적 사용을 피해야 합니다.

자바스크립트의 비동기 프로그래밍 모델에 대해 더 깊이 이해하고 싶다면 제 유튜브 채널의 다음 영상을 추천합니다.

- **자바스크립트의 setTimeout()과 setInterval() 함수**: https://youtu.be/QIotZOGyw-E
- **자바스크립트에서 프로그램의 실행을 지연시키기(sleep)**: https://youtu.be/SqD5bcs2Cms

15.2 UUID 생성

웹, 모바일, 서버 등 다양한 환경에서 애플리케이션을 개발을 할 때 랜덤 문자열 기반의 식별자를 많이 사용하는 추세입니다. 전통적인 숫자 시퀀스 기반의 식별자를 사용하면 시스템을 수평적으로 확장하기가 어렵고 보안적으로도 불리한 측면이 있기 때문입니다.

UUID(Universally Unique Identifier)는 가장 대표적인 랜덤 문자열 기반의 식별자로서, 16진수로 구성되며 128비트(36바이트) 길이의 문자열입니다. UUID는 5가지 버전이 있지만 보안성이 가장 높은 v4가 현재 가장 널리 사용되고 있습니다.

자바스크립트에서 UUID를 생성하기 위해서는 npm 패키지 저장소에서 uuid라는 라이브러리를 다운로드해서 사용하곤 했습니다.

```
$ bun add uuid
bun add v1.1.29 (6d43b366)

installed uuid@10.0.0 with binaries:
 - uuid

1 package installed [521.00ms]
```

타입스크립트 프로젝트에서는 @types/uuid 패키지도 개발 의존성으로 설치해줘야 타입 오류가 발생하지 않을 것입니다.

```
$ bun add -d @types/uuid
bun add v1.1.29 (6d43b366)

installed @types/uuid@10.0.0

1 package installed [323.00ms]
```

uuid 패키지로부터 UUID v4 생성 함수를 불러와서 호출하면 UUID를 얻을 수 있습니다.

```
uuid.ts

import { v4 as uuidv4 } from "uuid";

console.log(uuidv4());
```

```
$ bun run uuid.ts
5dc0abf7-477d-4623-8e0b-7c821d8e7647
```

하지만 Bun에서는 브라우저의 웹 표준 API인 cryto를 그대로 지원되기 때문에 이러한 번거로운 패키지 설치 작업 없이도 간편하게 UUID를 생성할 수 있습니다.

```
uuid.ts
```
```
console.log(crypto.randomUUID());
```

```
$ bun run uuid.ts
87000bf4-dff4-47f0-a022-d05b4a6f64f0
```

최근에는 UUID의 대안으로 **NanoID**가 부상하고 있습니다. 길이가 21바이트인 NanoID
는 UUID보다 적은 비용으로 계산이 가능하기 때문에 하드웨어 리소스가 한정적이거
나 고성능을 요하는 애플리케이션에서 이점이 있습니다. 이와 관련해서는 제 블로그의
다음 포스팅을 추천합니다.

- **자바스크립트로 UUID 생성하기**: https://www.daleseo.com/js-uuid/
- **NanoID: 작고 빠른 고유 식별자 생성기**: https://www.daleseo.com/nanoid/

15.3 인코딩

인코딩(encoding)은 데이터를 다른 형식으로 변환하는 과정을 의미합니다. 특히 실무에
서는 이진 데이터(0과 1로 이루어진 데이터)를 문자 데이터(알파벳, 숫자 등)로 변환하는 인
코딩을 많이 사용합니다. 이메일, 웹, JSON 웹 토큰(JWT)과 같이 텍스트 기반 시스템에
서는 이진 데이터를 있는 그대로 다루기 어렵기 때문에, 인코딩을 통해서 문자 데이터
로 변환 후에 처리를 하게 됩니다.

가장 흔하게 접할 수 있는 인코딩 방식인 **Base64**는 이진 데이터를 64개의 문자(영
문 대소문자, 숫자, 특수문자 +, /)로 변환합니다. Base64 인코딩에서는 3바이트(24비트)
의 이진 데이터를 6비트씩 4개의 그룹으로 나누고 각 그룹을 해당하는 문자로 매핑합
니다.

웹 표준 API를 지원하는 Bun에서는 `btoa()` 함수와 `atob()` 함수를 마치 브라우저 환경
처럼 사용할 수 있습니다. `btoa()` 함수를 통해서 Base64 인코딩을 할 수 있고, `atob()`

함수를 통해서 Base64 디코딩을 할 수 있습니다.

```
encoding.ts

const encoded = btoa("Hello, Bun!");
console.log("인코딩 결과:", encoded);

const decoded = atob(encoded);
console.log("디코딩 결과:", decoded);
```

```
$ bun run encoding.ts
인코딩 결과: SGVsbG8sIEJ1biE=
디코딩 결과: Hello, Bun!
```

15.4 해싱

해싱(hashing)은 데이터를 고정된 크기의 값으로 변환하는 과정을 의미하며, 데이터 무결성 검사, 디지털 서명, 중복 데이터 식별, 고속 검색, 블록체인 및 암호화폐 등 다양한 분야에서 응용됩니다. 정말 대중적인 버전 관리 시스템인 Git도 코드베이스(codebase)의 변경 사항을 추적하기 위해서 각 커밋(commit)을 해시값으로 식별합니다.

옛날에는 널리 사용되었으나 요즘에는 권장되지 않는 MD5나 요즘에 많이 사용되는 SHA-256이나 SHA-512 같은 해싱 알고리즘은 단방향 암호화이기 때문에 해시값을 가지고 원래의 입력 데이터를 역으로 추정하는 것이 매우 어렵거나 불가능하다는 특징을 갖고 있습니다. 대신 양방향 암호화 알고리즘에 비해서 엄청나게 빠른 속도를 자랑합니다.

Bun에서는 여러 가지 해싱 알고리즘이 통합되어 있는 `Bun.CryptoHasher` 클래스를 통해서 데이터를 해시값으로 변환할 수 있습니다.

`Bun.CryptoHasher` 생성자에 알고리즘 이름을 넘겨서 객체를 생성한 후, 해당 객체의

update() 메서드에 입력 데이터를 인수로 넘깁니다. 그다음 digest() 메서드를 호출하여 해시값을 얻을 수 있습니다. 해시값은 Base64나 HEX로 인코딩할 수 있습니다.

```ts
hashing.ts

const md5hasher = new Bun.CryptoHasher("md5");
const sha256hasher = new Bun.CryptoHasher("sha256");
const sha512hasher = new Bun.CryptoHasher("sha512");

const input = "헬로, Bun!";
md5hasher.update(input);
sha256hasher.update(input);
sha512hasher.update(input);

console.log("[BASE64 인코딩 결과]");
console.log("MD5:", md5hasher.digest("base64"));
console.log("SHA256:", sha256hasher.digest("base64"));
console.log("SHA512:", sha512hasher.digest("base64"));

console.log("[HEX 인코딩 결과]");
console.log("MD5:", md5hasher.digest("hex"));
console.log("SHA256:", sha256hasher.digest("hex"));
console.log("SHA512:", sha512hasher.digest("hex"));
```

인코딩 결과를 보면 128비트를 사용하는 MD5가 가장 짧고, 512비트를 사용하는 SHA-512가 가장 긴 것을 알 수 있습니다. 해시값이 길수록 해시 충돌이 적고 보안성이 좋은 반면 변환 속도가 느리고 저장하는 데 더 큰 공간이 필요합니다.

```
$ bun run hashing.ts
[BASE64 인코딩 결과]
MD5: Vyx3Im8jScuKnYRkLIuaWw==
SHA256: /GvL+J3NG6M1CJ1bPUNGFKPJPqnRcm1jIz2RCrnlQSI=
SHA512: GQ9q0fR6Npfdh2/rU2GTNNkiZtYn6houMxIENYzojsZrC5kBLiDjt/qlaabisJqhZzVuAKE9
zRLk1MqEGbEamg==
[HEX 인코딩 결과]
MD5: d41d8cd98f00b204e9800998ecf8427e
SHA256: e3b0c44298fc1c149afbf4c8996fb92427ae41e4649b934ca495991b7852b855
SHA512: cf83e1357eefb8bdf1542850d66d8007d620e4050b5715dc83f4a921d36ce9ce47d0d13c
5d85f2b0ff8318d2877eec2f63b931bd47417a81a538327af927da3e
```

15.5 비밀번호

어떤 애플리케이션을 개발하든 비밀번호를 다루는 것은 굉장히 부담스럽지만 개인화된 경험을 제공하기 위해서는 필수적인 작업입니다. Bun은 앞에서 다룬 단순한 인코딩이나 해싱 기능을 제공할 뿐만 아니라, 비밀번호를 안전하게 암호화하고 검증하는 데 사용할 수 있는 보안 유틸리티도 내장하고 있습니다.

Bun.password.hash() 함수는 비밀번호를 **Argon2**(https://en.wikipedia.org/wiki/Argon2)라는 강력한 현대 암호화 알고리즘을 사용하여 암호화해줍니다. 이렇게 암호화된 비밀번호는 Bun.password.verify() 함수를 통해서 안전하게 검증할 수 있습니다.

Bun.password.hash() 함수의 두 번째 인수로 알고리즘 비용을 명시할 수도 있으며, Argon2보다 오래되었지만 예전부터 많이 사용되던 **bcrypt**(https://en.wikipedia.org/wiki/Bcrypt) 알고리즘을 사용할 수도 있습니다.

password.ts
```ts
const password = "abcd1234!@#$";

const argonHash = await Bun.password.hash(password);
const bcryptHash = await Bun.password.hash(password, {
  algorithm: "bcrypt",
  cost: 4,
});

console.log({ argonHash, bcryptHash });

const argonMatches = await Bun.password.verify(password, argonHash);
const bcryptMatches = await Bun.password.verify(password, bcryptHash);

console.log({ argonMatches, bcryptMatches });
```

```
$ bun run password.ts
{
  argonHash: "$argon2id$v=19$m=65536,t=2,p=1$5iEDkNjfwMOm/TSrAEYHRppiiVSOg0H+IoW
```

```
O2V7x2X4$GLOQfHcd6HhX68ypTuyqIC9csuHtBXGs5/SrT7CG24M",
    bcryptHash: "$2b$04$KWB9Alng4QhGmM60qiKoc.uvHIoMqorzy5W3aEuiM9/h/nN1IWCQi",
}
{
  argonMatches: true,
  bcryptMatches: true,
}
```

자바스크립트는 트렌드가 빠르게 변하기로 유명한 프로그래밍 언어입니다. 비동기 처리를 위해 예전에는 콜백 함수를 사용하다가, 그다음에는 프라미스가 인기를 얻게 되었고, 최근에는 async/await 문법으로 전환이 빠르게 이루어지고 있습니다. 한때 웹 개발에서 사실상 표준으로 여겨지던 jQuery는 리액트가 등장하면서 이제는 레거시(legacy) 코드에서나 마지못해 쓰는 라이브러리로 전락하고 말았습니다. 지금이야 프런트엔드 개발에서 리액트 인기가 영원할 것 같지만, 몇 년 안에 어떤 새로운 기술로 대체될지 아무도 장담할 수 없을 것입니다. 자바스크립트는 이렇게 다양한 기술들이 흥망성쇠를 반복하며 건강하게 진화하고 있습니다. 숙련된 자바스크립트 개발자들은 새로운 기술을 배우는 것을 두려워하지 않습니다. 언제나 기존 방식을 의심하고 더 혁신적인 방법을 탐험합니다.

저는 자바스크립트 개발자로 오랫동안 Node.js를 사용하면서 불편한 적이 참 많았습니다. import로 모듈을 불러오려면 확장자를 바꿔야 하는 등 ESM 지원이 매끄럽지 않아서, 울며 겨자 먹기로 더 이상 쓰고 싶지 않은 require 키워드를 계속 사용해야 했습니다. fetch() 함수같이 브라우저에서는 당연히 쓸 수 있는 웹 표준 API가 지원되지 않아 별도 패키지를 설치해야 할 때마다 고통스러웠습니다. 물론 Node.js 최신 버전에서는 모두 해결된 문제이지만, 보수적인 기업 환경에서는 항상 최신 버전의 소프트웨어를 쓸 수 있는 것은 아니라서 답답했습니다.

Node.js에 대한 인내심이 한계에 다다랐을 때쯤 운명처럼 Bun을 만나게 되었습니다. Bun을 처음 접했을 때의 감동은 아직도 잊지 못합니다. 아니, 어떻게 이렇게 빠를 수가 있지? 아니, 어떻게 이렇게 안 되는 게 없지? 마치 제 마음을 읽은 것처럼 Bun은 자바스크립트 개발자로서의 제 모든 니즈를 만족시켜줬습니다. Node.js를 쓰던 개인 프로젝트들을 너무나 쉽게 Bun으로 전환할 수 있었고 성능과 사용성 측면에서 아주 큰 만족감을 얻었습니다. 요 귀여운 이름과 로고 뒤에 무시무시한 기능과 성능으로 무장하고 있는 녀석이 Node.js의 뒤를 잇는 차세대 자바스크립트 런타임이 될 수 있지 않을까 생각하게 되었습니다.

2023년에 v1.0이 나온 Bun은 아직 어린 자바스크립트 런타임이지만 JavaScript Rising Stars 2023 집계에서 2위를 한 매우 유망한 오픈 소스 프로젝트입니다.

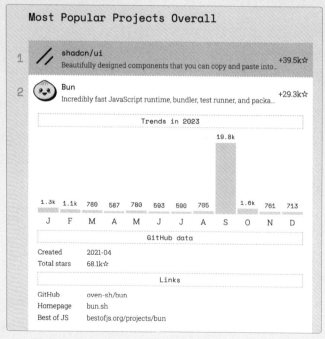

https://risingstars.js.org/2023/en#section-all

그뿐만 아니라 Bun은 State of JS 2023 설문 조사에서 가장 많이 언급된, 개발자들 사이에서 관심이 매우 높은 기술이기도 합니다.

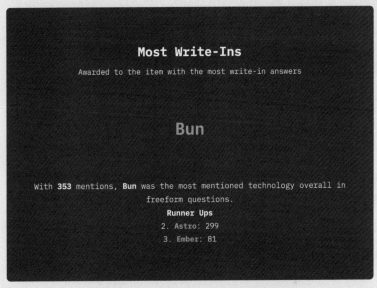

https://2023.stateofjs.com/en-US/awards/

Bun은 많은 자바스크립트 개발자가 오랫동안 기다리던 만능 자바스크립트 도구입니다. 타입스크립트를 바로 실행할 수 있는 자바스크립트 런타임이기도 하고, CJS와 ESM을 모두 지원하는 혁신적인 모듈 시스템이기도 하고, npm보다 30배 빠른 패키지 매니저이기도 하며, Jest보다 20배 빠른 테스트 러너이기도 하고, Webpack보다 200배 이상 빠른 번들러이기도 합니다.

이 모든 것을 떠나 Bun은 자바스크립트를 배우는 새로운 방법입니다. 예전에 브라우저와 Node.js 시절에 자바스크립트에 대해 좋지 못한 경험을 했던 분들도 Bun을 통해서 자바스크립트를 접하면 분명히 자바스크립트를 다시 보게 될 거라고 생각합니다.

이 책이 단순히 Bun에 대한 기술서가 아니라, 많은 분들이 새롭게 자바스크립트를 만날 수 있는 문을 여는 계기가 되었으면 좋겠습니다.

Bun에 대한 저의 책은 여기서 마무리되지만 앞으로 Bun이 어떻게 진화하는지에 대해서는 블로그나 유튜브를 통해서 꾸준히 소식을 전할 예정입니다. 그리고 디스코드를 통해서 책의 내용에 대해서 피드백을 구하고 독자 여러분과 소통하고 싶습니다.

- **블로그**: https://www.daleseo.com/
- **유튜브**: https://www.youtube.com/@DaleSeo
- **디스코드**: https://dales.link/discord

끝으로, Bun 관련 공식 사이트나 커뮤니티는 다음과 같습니다.

- **공식 웹사이트**: https://bun.sh/
- **깃허브 저장소**: https://github.com/oven-sh/bun
- **디스코드 커뮤니티**: https://bun.sh/discord
- **트위터**: https://twitter.com/bunjavascript

진솔한 서평을 올려주세요!

이 책 또는 이미 읽은 제이펍의 책이 있다면, 장단점을 잘 보여주는 솔직한 서평을 올려주세요.
매월 최대 5건의 우수 서평을 선별하여 원하는 제이펍 도서를 1권씩 드립니다!

- **서평 이벤트 참여 방법**
  1. 제이펍 책을 읽고 자신의 블로그나 SNS, 각 인터넷 서점 리뷰란에 서평을 올린다.
  2. 서평이 작성된 URL과 함께 **review@jpub.kr**로 메일을 보내 응모한다.
- **서평 당선자 발표**
  매월 첫째 주 제이펍 홈페이지(**www.jpub.kr**)에 공지하고, 해당 당선자에게는 메일로 연락을 드립니다.
  단, 서평단에 선정되어 작성한 서평은 응모 대상에서 제외합니다.

독자 여러분의 응원과 채찍질을 받아 더 나은 책을 만들 수 있도록 도와주시기 바랍니다.